神奇的惊天巧合

以探索的眼光深层次
挖掘这些巧合背后的真相

美狄亚 ◎ 编著

北京工业大学出版社

图书在版编目（CIP）数据

神奇的惊天巧合/美狄亚编著. — 北京：北京工业大学出版社，2017.2
ISBN 978-7-5639-5028-7

Ⅰ.①神… Ⅱ.①美… Ⅲ.①科学知识-普及读物 Ⅳ.①Z228

中国版本图书馆 CIP 数据核字（2016）第 279134 号

神奇的惊天巧合

编　　著：	美狄亚
责任编辑：	张　悦
封面设计：	芒　果
出版发行：	北京工业大学出版社
	（北京市朝阳区平乐园 100 号　邮编：100124）
	010-67391722（传真）　bgdcbs@sina.com
出版人：	郝　勇
经销单位：	全国各地新华书店
承印单位：	北京鑫瑞兴印刷有限公司
开　　本：	640 毫米×960 毫米　1/16
印　　张：	17.5
字　　数：	191 千字
版　　次：	2017 年 2 月第 1 版
印　　次：	2017 年 2 月第 1 次印刷
标准书号：	ISBN 978-7-5639-5028-7
定　　价：	39.80 元

版权所有　翻印必究
（如发现印装质量问题，请寄本社发行部调换 010-67391106）

前　　言

1

在我们生活的星球上，有太多诡异的现象让人无法解释，有太多匪夷所思的巧合引人深思，因为它们的神奇完全超出了我们的想象和认知。

比如，一个人从万丈高空跌落，竟然安然无恙；一个频繁再婚的男子，在他第53次结婚时，娶到的竟是自己的第一任妻子；科幻作家鬼使神差地成了著名的预言家；有人时常听到常人听不到的响动，提前感知地震、泥石流、沉船……一次次应验，一次次令人毛骨悚然。这些人，这些现象，这些可怕的巧合，就在我们周围。

本书所讲述的就是我们生活的世界上发生过的一些令人匪夷所思的奇异事，似乎有一双我们看不见的手在背后操纵着这些充满巧合的故事。

2

我们常常会提出这样的问题，什么是生活？每一个人都会给出不同的答案。从某种意义上说，生活就是一个百慕大，充满了许多未知的巧合，这些巧合让人无法得出合理的解释，因为它们完全超出我们的想象和认知范围，可它们又真实地存在着。

木乃伊的魔咒、诺查丹玛斯的预言、亚历山大英年早逝、复活

[神奇的惊天巧合]

节岛上的巧合、地球禁区百慕大……一次次巧合，让人一次次毛骨悚然、惊叹不已。这些巧合的存在，引发了我们的好奇，激发了我们的大脑风暴，提升了我们的文明进程。

　　伽利略有一句名言："世界上没有不可认识的事物，只有尚未被认识的事物，生命的全部意义就在于探索那些未被认识的事物。"的确如此，当我们的科学还没有达到一定高度时，这些巧合会让我们迷惑不解，让我们发挥聪明才智去解释它们。相信总有一天它们会被人类揭开神秘的面纱，也许你就是那揭开真相的科学家之一！

3

　　我们生存的世界是一个充满了神奇色彩的神秘世界。目前，我们所拥有的科学知识较前人多了很多，也正是因为如此，今天的我们才能解开一些曾经困扰着我们、令我们无法理解的现象。但是，这些我们已经知道的答案就像冰山一角，我们所不知道的却更多。

　　本书为文化、科学探秘类图书，以知识性和趣味性为出发点，以生动的语言、超大的信息容量为读者提供丰富、新鲜的信息。

　　本书用独特的视角审视大千世界各种离奇的巧合，深层次挖掘这些巧合背后的真相，力求使冗长的讲解趣味化，又不失其真实感，帮助读者深入了解世间万象，感受世界超乎想象的奇妙。

目　　录

第一章　自然·匪夷所思的巧合

有些事件能够用科学解释，有些事件只能视其为自然之奥秘。面对种种扑朔迷离、匪夷所思的巧合，面对层出不穷的未解之谜，我们不得不既惊叹于自然的神奇，亦感叹人类想象力的伟大！

骇人听闻的雨 ………………………………………………………… 2
　　1. 美国的"红雨" ………………………………………………… 2
　　2. 日本的"蝌蚪雨" ……………………………………………… 4
　　3. 难道天空中有一架绞肉机？ ………………………………… 5
作"怪"多端的闪电 ………………………………………………… 6
　　1. 闪电毁物却不伤人？ ………………………………………… 6
　　2. 小偷的"闪电刺青" …………………………………………… 8
　　3. 会做饭的"电冰箱" …………………………………………… 9
　　4. 雷电做的"变性手术" ………………………………………… 11
惊魂的流星陨落 …………………………………………………… 13
　　1. 救人一命的流星 ……………………………………………… 13
　　2. 并不浪漫的"星星冻" ………………………………………… 14

月亮是个"乖巧的怪物" ························· 16
　　1. 月亮为什么要把地表的模样刻在自己的"脸"上？······ 16
　　2. 让科学家头疼的月球起源说 ··················· 17
　　3. 关于月球的巧合中的巧合 ····················· 18
雪崩的巧合与宿命 ······························ 20
　　1. 致命的远程炮 ······························ 20
　　2. 雪山上的回力镖 ···························· 22
神秘的动物第六感 ······························ 25
　　1. 能预测生死的老鼠 ·························· 25
　　2. "海上救生员"海豚 ························· 28
　　3. 集体自杀的麻雀 ···························· 30
　　4. 猫和狗的预感 ······························ 31
植物的情感世界 ································ 34
　　1. 植物界的"测震员" ························· 34
　　2. 大树在"下雨" ····························· 36
　　3. 植物一半是O型血 ··························· 38
　　4. 美丽的数学模式 ···························· 39

第二章 生活·无巧不成书

　　在多姿多彩的生活中，我们经常会产生各种各样的不解和疑问，或者视其为巧合。如果在不可思议的惊叹之后，用一种科学的态度和理性的方式对待它们，那么我们的未来一定会更美好、更精彩。

[目 录]

爱的奇迹 ·· 42
   1. 情牵伊人，古堡寻梦 ·· 42
   2. 梦里梦外，生死相随 ·· 44
   3. 梦中的承诺 ··· 45

亲情秘道 ·· 47
   1. 母子同梦，逃离厄运 ·· 47
   2. 心电感应，噩梦捉凶 ·· 49
   3. 黑衣绅士前来报丧 ··· 51

预兆之梦 ·· 53
   1. 最后，他倒下了 ·· 54
   2. 高达5万英镑的生命保险 ····································· 56
   3. 还能再上一位 ··· 57
   4. 美国新闻界噩梦成真 ·· 59
   5. 一梦坐牢40年 ··· 64

梦的启迪 ·· 66
   "原子蛇"咬住了自己的尾巴 ···································· 66

千奇百怪的中奖概率 ··· 71
   1. 读错号码中500万 ·· 71
   2. 误打误撞出了两个500万 ····································· 72
   3. 稀里糊涂中了44万 ·· 73
   4. QQ号码竟然中了189万 ······································· 75
   5. 生日中大奖奇遇 ·· 77
   6. 错打号码中了350万 ··· 78

你会被飞来横财砸中吗？ ··· 79
   1. 钱包57年后失而复得 ··· 79
   2. 扮阔佬求爱弄假成真 ·· 81

3

3. "灵魂出窍"遇丈夫得财 ……………………… 82
4. 读"奇书"顷刻成富翁 ………………………… 83
5. 捡来的破桌子里冒出存单 …………………… 85

爱情是无数次巧合中的一次 ……………………… 86
1. 该遇见的始终会遇见 ………………………… 86
2. 巧合铸成的"换妻"奇迹 …………………… 87
3. 天上掉下个"胖妹妹" ……………………… 90
4. 子弹也"送子" ……………………………… 92
5. 第53次重新开始 …………………………… 94

天造地设一样的难得 ……………………………… 96
1. 自己的电话号飞来 …………………………… 96
2. 从彼得罗夫卡来的姑娘 ……………………… 97
3. 被风吹走的《风》 …………………………… 99
4. 布丁见证的重逢 …………………………… 100

幸运的巧合 ……………………………………… 102
1. 枪口下的奇迹 ……………………………… 102
2. 重叠的照片 ………………………………… 105
3. 准时到来的钥匙 …………………………… 106
4. 从天而降入纸箱 …………………………… 107

第三章 生命·前世今生

　　牵涉生死、却又充满神秘色彩的巧合事件，使我们看不到巧合的前因后果，也看不到自己的前世今生；生命是如此神奇，那一系列的巧合里隐藏的是什么密码呢？

[目　录]

孪生传奇 ········· 110
1. 天涯海角依旧孪生 ········· 110
2. 爱情也"孪生"? ········· 111
3. 尴尬的身份证 ········· 113
4. 谁才是真正的剽窃者 ········· 114
5. 双胞胎可以"遗传"吗? ········· 115
6. 同母异父的双胞胎 ········· 116

同生共死 ········· 122
1. 恩爱夫妻惊奇"七同" ········· 122
2. 4年后的同月同日同时 ········· 124
3. 白头偕老，同生共死 ········· 125

生日密码 ········· 127
1. 成双成对的出生 ········· 127
2. 一家四代同月同日生 ········· 128
3. 一家人12个生肖 ········· 129

人在"囧"途 ········· 132
1. 同名同命，同时同地离婚 ········· 132
2. 同年同月同日，同一只手铐 ········· 133
3. 无血缘关系的"双胞胎" ········· 134
4. 全村"一张脸" ········· 135

天国，我来了 ········· 136
1. 死在自己手里 ········· 136
2. 用自己的钱把自己撞死 ········· 138
3. 20年后，子弹终于击中了他 ········· 139

死神也度假 ········· 141
1. 上帝的机会 ········· 141

2. "死神"两次"弯腰" …………………………………… 144
　　3. 负心人做了替死鬼 …………………………………… 145
　　4. 全部迟到，幸免于难 ………………………………… 146
　　5. 大难不死，必有后福 ………………………………… 147

前世今生两茫茫 ……………………………………………… 149
　　1. 这个男孩活过 ………………………………………… 149
　　2. 法老宫女"借尸还魂"？ ……………………………… 153
　　3. 印度女孩的前世今生 ………………………………… 155

难以勘透的"数字命" ………………………………………… 157
　　1. 戴安娜王妃的"492"预言 …………………………… 157
　　2. 数字13与瓦杰帕伊的"姻缘" ……………………… 160
　　3. 邓丽君和猫王的生死数字 …………………………… 162
　　4. 杰克逊："7"伴随一生 ……………………………… 163

历史上的数字巧合 …………………………………………… 164
　　1. 神秘的数字38 ………………………………………… 164
　　2. 逃不出"3964"的世界杯 …………………………… 167
　　3. 20美元上的9·11 …………………………………… 169

第四章　灾变·上帝的骰子

　　爱因斯坦曾经信誓旦旦地说："上帝从不掷骰子。"但这些黑色灾难的巧合，究竟是不是上帝掷出的骰子？我们不得而知，毕竟我们所身处的，是一个远远超出你我想象的神秘世界。

黑色巧合 …………………………………………………… 174
　　1. 南亚强震海啸与巴姆强震同一天 …………………… 174

6

目　录

　　2. 飞机撞楼演习成真 ……………………………… 176
　　3. 小说也杜撰不出来的空难巧合 ………………… 177
　　4. 通古斯爆炸与广岛废墟 ………………………… 179
　　5. 半空坦克击中潜水艇 …………………………… 180

绝非诅咒 …………………………………………………… 181
　　1. 木乃伊带来的厄运 ……………………………… 181
　　2. 王冠上的蓝钻石 ………………………………… 184
　　3. 世界末日的招灾电影 …………………………… 185
　　4. 最倒霉的死亡之船 ……………………………… 187
　　5. 魔鬼日的周期 …………………………………… 189

巧合的悲剧 ………………………………………………… 191
　　1. 致命轮回——有些事不能试 …………………… 192
　　2. 严重错误——魔鬼可以一错再错 ……………… 193
　　3. 飞来横祸——命中注定的意外 ………………… 195

无奈的宿命 ………………………………………………… 197
　　1. 国王与平民难得一起死 ………………………… 197
　　2. 被"克"的法官——犯人与法院对抗到底 …… 199
　　3. 画中凶手——天网恢恢疏而不漏 ……………… 200

梦魇般的末日预言 ………………………………………… 204
　　1. 诺查丹玛斯和他的《诸世纪》 ………………… 204
　　2. 玛雅的古老预言 ………………………………… 206
　　3. 2012失落的预言册 ……………………………… 208

天灾人祸有预知 …………………………………………… 209
　　1. 神奇的报警电话 ………………………………… 209
　　2. 大地震的先知 …………………………………… 211
　　3. 100年后的预言 ………………………………… 213

后现代性的预言家 ················· 214
 1. 伦敦著名的手相家 ············· 215
 2. 外国"神算子" ··············· 217

有趣的预言 ····················· 218
 1. 注定饿死在王宫 ··············· 219
 2. 亚马孙部落的女王 ············· 220
 3. 弄假成真的科幻作家 ··········· 221

第五章 历史·名人与巧合

  古人相信事出必有因。所谓巧合、生死有命、吉凶贵贱、聪明迟钝皆非偶然。今人利用现代科技能够证明古人的想法的确是有道理的。

政治名人的定数 ··················· 224
 1. 拿破仑和希特勒的微妙关联 ······· 224
 2. 林肯与肯尼迪的百年遥望 ········· 225
 3. 死于国庆日的三位美国总统 ······· 226

艺术家的神秘巧合 ················· 229
 1. 两位伟大作家死于同年同月同日 ··· 229
 2. 麦克斯韦与爱因斯坦 ············· 231
 3. 同月同日出生的音乐家 ··········· 232

中国古人的天命回眸 ··············· 233
 1. 王勃与李贺是一条命？ ··········· 233
 2. 和珅是乾隆的"孽债"？ ········· 234
 3. 成也天花，败也天花 ············· 235

4. 灭"唐"朱温，反被唐灭 ……………………………… 237

往事不忍成历史 ……………………………………………… 238

1. 夏朝的开"启"与终"桀" …………………………… 238
2. 三家分晋与三国归晋 ……………………………… 240
3. 盛极一时的短命王朝 ……………………………… 241
4. 汉唐的雄心 ………………………………………… 242
5. 明清那些事儿 ……………………………………… 243
6. 中西历史上的若干巧合 …………………………… 245

逃离百慕大 …………………………………………………… 248

1. 失踪的飞机和船只 ………………………………… 248
2. 穿越时空的纬度线 ………………………………… 252

巧夺天工的建筑 ……………………………………………… 255

1. 胡夫金字塔的数字巧合 …………………………… 255
2. 玛雅金字塔的疑云 ………………………………… 257
3. 与布什相似的雕刻画像 …………………………… 259

进一步寻秘北纬30度 ………………………………………… 261

1. 地球和人体的惊人相似 …………………………… 262
2. "命门区"和"九宫图" …………………………… 262

第一章
自然·匪夷所思的巧合

有些事件能够用科学解释，有些事件只能视其为自然之奥秘。面对种种扑朔迷离、匪夷所思的巧合，面对层出不穷的未解之谜，我们不得不既惊叹于自然的神奇，亦感叹人类想象力的伟大！

[神奇的惊天巧合]

骇人听闻的雨

自然规律告诉我们,从天而降的雨水应该是无色无味的。可是有的地方下的雨居然有颜色,甚至挟带着动物,真是咄咄怪事。

1. 美国的"红雨"

1955年7月22日下午5时30分,爱德华·姆茨先生正在他位于美国俄亥俄州辛辛那提市家中的花园里工作着。突然,一滴温暖的红色水滴落在他的胳膊上,接着又是一滴,过了一会儿,他的四周就下起了红色的雨。

爱德华·姆茨先生抬头望望天,发现天空的云层中涌出一块奇特的云团,这阵红雨就是从那团云彩中落下来的。这团怪云位于他头顶约1000英尺(1英尺约0.304米)处,并不是非常大,但颜色非常奇特,呈暗绿、红色和粉色,跟那些降落下来的雨水的颜色非常相似。

好奇的爱德华·姆茨先生一直注视着云彩,这个时候,他刚才被雨滴淋湿的地方开始

有被烧灼的感觉。事后，爱德华·姆茨先生说那感觉就像是松节油涂在了割破的伤口上。于是他赶快跑回屋内，用清水和肥皂仔细清洗身上被"雨"淋湿的地方，这些"雨"水就跟鲜血一样，但摸上去油乎乎的，还有点儿黏。

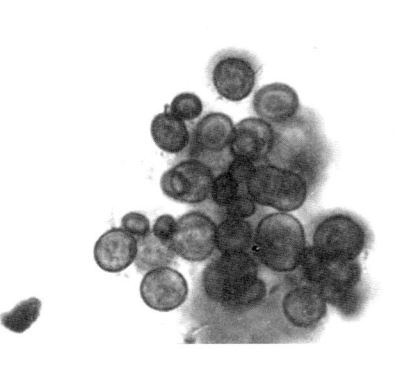

第二天一早，爱德华·姆茨先生就发现他花园中的桃树和树下的草皮都已死掉，树枝上的桃子也已经干瘪了。看来，这场雨的杀伤力是非常强的。

后来，美国科研机构曾派人就此采访爱德华·姆茨先生，并取走了桃树果实和草坪的样品。不过，他们并没有公布研究的结果，所以，这种有颜色的雨到底是怎么一回事，我们并不知道。

有人怀疑是飞机在作怪，不过爱德华·姆茨先生说在下雨的时候，那一带没有飞机经过，美国航空局也证实了这一说法。专家分析后认为，这也不是化工厂排出的废气造成的结果。看来，这种雨水的来历真是有些怪。

其实，早在1891年11月2日，比利时的布兰肯伯格地区就曾下过一场红雨。最初，人们怀疑是因为雨水中含有大量的由龙卷风带起的红沙。但是，当人们对144盎司（1盎司约28.350克）布兰肯伯格红雨水进行蒸发试验后，发现这种推测其实是错误的。因为当雨水减少至4盎司时，尚未发现任何红沙，而在进一步的分析中发现了一种叫"抓化钴"的物质。不过，这也不能

[神奇的惊天巧合]

解释红雨形成的原因。

类似的事件并不鲜见。在以前，迷信的人们以为是上帝给人们的某种惩罚，后来人们又认为很可能与外星人有关。

1819年8月13日，一个发出腐烂气味的物体在马萨诸塞州的埃姆赫乐斯特地区从天降落，物体上边盖了一层布一样的绒毛。研究者鲁弗斯·格雷夫斯教授把绒毛除掉后发现，下面是一种米色的果肉状物质，这种物质在接触空气之后迅速变色，表面的颜色变成了青灰色，很像静脉血的颜色。据说这种物体下落时带着耀眼的亮光，这就使得人们怀疑它是不是外星人掉下的某种东西。

当然，没有任何记载表明当时有飞碟从那里经过。不过即使飞碟这样神秘的飞行物存在，它若是飞过了，我们也未必能够发现。

2. 日本的"蝌蚪雨"

日本某公司职员称，他在停车场停车时，突然下起雨来。雨停后，他发现车的挡风玻璃及地上散落着100余只死蝌蚪。许多居民也看到了这一奇特现象。一名气象局官员说："有猜测说可能是龙卷风将这些蝌蚪带到空中，但从气象学角度来说，我认为这不太可能。"

据悉,"蝌蚪雨"并非单一现象,世界各地都曾报出"天空下动物雨"的新闻。一些小动物,如水母、青蛙和蛇偶尔会出人意料地从空中落下,有时甚至落在离水域数公里远的地方。科学家解释说,动物雨可能是龙卷风造成的。在湖泊或海洋上方,急速旋转的龙卷风可能会把水以及水里的一些东西带进云层。这些暴风云中的强风携带着卷进来的东西长途穿行,随着风力减弱而伴随雨水落到地面。

3. 难道天空中有一架绞肉机?

最恐怖的大概要算1918年8月1日发生在加利福尼亚州洛尼托斯·J·哈德逊先生农场里的那一事件了。那一天,有肉有血甚至还有一些毛发从天而落,足足下了3分钟,覆盖了2英亩(1英亩为4046.86平方米)的地面。那些鲜肉呈小颗粒和细丝状,约1~6英寸(1英寸约0.025米)长。

这种事件的原因真是让人想都不敢想,难道天空中有一架绞肉机?

不过,目前为止还没有人对这种骇人听闻的事情做细致的研究,直到今天,我们仍然不知道这奇怪的"雨"究竟是从哪儿来的。

[神奇的惊天巧合]

作"怪"多端的闪电

著名的法国天文学家弗拉马里翁曾经说过这样一句话:"任何一出戏剧,任何一台魔术,就其壮丽的场面和奇特的效果而言,都无法同大自然中的闪电媲美。"

这是一句对闪电带有诗意的赞美。但是我们知道,人如果被闪电击中,基本上都是九死一生。不过大自然有许多令人意想不到的巧合,闪电也创造了许多这种巧合。

1. 闪电毁物却不伤人?

许多令人意想不到的事例告诉我们,闪电可能烧毁衣服,可是却没有灼伤皮肤;或者闪电把内衣烧了,外衣却完好无损。

曾经有三名法国士兵在某个小城市的一棵菩提树下躲雨,不想却被闪电击中。过后,他们站立在菩提树下,就像什么事情也没有发生过一样。雨过云收之后,他们仍然站立在树下,丝毫没有要离开的意思。于是人们过去与他们搭话,想要问个究竟,可是他们都不说话,而且面无

6

表情。惊讶的人们推了他们一下，三个士兵顿时倒地，化成一堆灰烬！闪电击毙了人却没有损坏衣服，并且使他们仍然站立在那里，这是多么奇怪的事情呀！

闪电还能抓走人手里的东西，却不伤害到人。有一次，罕见的雷雨光顾了英国约克郡。一位太太刚拿起茶杯要喝水，忽然电光一闪，茶杯飞到了足有两丈（一丈约为3.3米）远的地方。如此近距离的雷击，只是击落了茶杯却未伤到人，而且飞出两丈多远的杯子还没有一点损坏。

在非洲的加纳，有一个男孩在雷雨天扛着一把铁铲从田野里往家跑，路上空旷无人，只有倾盆大雨和电闪雷鸣。突然，一道蓝色的闪电从天空延伸向田野，男孩感到有一股巨大的力量从他手中夺去了铁铲，回头一看，才发现铁铲已经飞落在身后50多米以外的地方了。幸运的是，在这次电击事件中，男孩只是受到了惊吓却没有受伤。

球状闪电是雷电在云团里聚集的结果，它的威力比常见的枝状闪电要强几百甚至几千倍。球状闪电有时还会一个一个地连在一起，使得整个云块都是闪电。最可怕的是，它们时常降到很低的高度，甚至就在人们的身边。这种球状闪电一旦爆炸，造成的后果将是毁灭性的，足可抵得上几百吨乃至上千吨的TNT炸药。

[神奇的惊天巧合]

然而，就有人曾在球状闪电爆炸的地方幸存了下来。苏联的一个集体农庄里，有两个孩子在牛棚的屋檐下躲雨。就在这时，天空中一个橙黄色的球状闪电慢慢地降落在屋前的树上，并在树枝间蹿来蹿去。最后，它一跃到地，像火箭似的冲向他们所在的牛棚。球状闪电就像炼钢炉里的钢水，不断向外冒着火星。

眼看着"火球"就要烧到牛棚，两个孩子吓得一动也不敢动。就在"火球"滚到他们眼前时，其中一个孩子拼命地踢了一脚，球状闪电就像被踢飞的足球一样从牛棚里面弹向天空，在几十米以外的地方爆炸了。这两个孩子被震倒在地，却没有受伤。然而同在牛棚里的12头奶牛却被炸死了11头。这难道不是很巧合的事情吗？

2. 小偷的"闪电刺青"

你能想象闪电在人的身上留下金属物的印记吗？然而，就是这么离奇的事情发生在了维也纳。

德莱金格是一位住在维也纳市郊的奥地利医生，他有一个用玳瑁做成的钱夹。这个钱夹的外面用不锈钢镶着两个相互交叉的大写"D"字母，是他名字的缩写。他非常喜爱这个钱夹，每次出门总是小心翼翼地生怕丢掉或者被人偷了去。但是，有一天当他回家以后，找遍了身上的每一个口袋都不见钱夹的踪影。

当天晚上，德莱金格去抢救一个在树下躲雨不幸被雷电击

8

中的外国人时，发现这个人的脚上印着两个交叉的大写"D"字，跟自己钱夹上的一模一样。凑巧的是，德莱金格在这个外国人的口袋里发现了自己的钱夹。

3. 会做饭的"电冰箱"

闪电带来的奇奇怪怪的巧合还有很多。我们都知道，冰箱是现代家庭必备的电器之一，目的就是降低箱内的温度，防止细菌的繁殖，从而使得食物得以保鲜。那你听说过生食能被电冰箱烧熟的奇迹吗？在美国就确实发生过这样的巧合事件。

在美国一个叫尤尼昂的小城里，妮卡生活轻松，做家务几乎成了她的全部工作。由于她的家距离市场很远，所以她总是先把蔬菜和肉类买回来放在电冰箱里，这样做饭的时候就方便多了。有一天，她到市场上买完日用品回家准备做饭。

然而，当她打开电冰箱时，发现里面放着烤鸭、熟蛋和煮透的莴苣，但她清清楚楚地记得这些东西放进去时是生的。丈夫还没有下班回来，不可能做饭，那这究竟是怎么回事呢？妮卡害怕起来，担心有人进入过房子，于是她检查门窗，可是一切都没有任何异样。厨房也没

[神奇的惊天巧合]

有使用过的痕迹，很显然这些食物并不是在厨房里做熟的。

实在找不出原因的妮卡只得求助于邻居。她挨家挨户地敲门，告诉他们自己家里的怪事，把她的担心向其他人述说，邻居们听说了以后也一起赶过来看个究竟。等到亲眼看到冰箱里已经烧好了的饭菜的时候，大家才相信妮卡说的是真的，都啧啧称奇。一些邻居证实说，在妮卡离开的时间里没有任何人进入过房间。

妮卡的丈夫回来以后听了妮卡的述说，开始也不相信，以为妮卡在和他开玩笑。后来邻居们纷纷来证实，丈夫才相信这是真的。可是人们依然很困惑，电冰箱怎么会把生食烧熟呢？这么怪异的事情引起了大家的热烈讨论，也引起了不小的恐慌。许多邻居甚至到教堂祈祷，祈求上帝的宽恕。

不久，这个消息轰动了全城。许多人把这件事情看作"上帝的启示"，但是科学家们还是想从科学上对其予以解释。

经过深入的研究和分析，科学家最终解释说这是球状闪电开的玩笑。当天，尤尼昂下过一次阵雨，天空雷声阵阵，正巧在妮卡家的上空出现过一个巨大的球状闪电，它穿过妮卡家的门，"顽皮"地钻进电冰箱里。正常情况下，雷电会使电器爆炸，甚至可能炸毁妮卡的整栋房子。但是非常幸运的是，这个球状闪电爆炸起来能量并不很大，没有损坏冰箱，刚好把冰箱里的食物烧熟了。

用来制冷保鲜的电冰箱却异常地为主人烧起饭来,最终人们才知道这原来是闪电开的一个玩笑。真是大千世界,无奇不有啊!

4. 雷电做的"变性手术"

住在美国缅因州雅茅斯镇的埃德温·鲁滨孙在53岁那年遇到了严重的意外事故,这场事故导致他双目失明,连耳朵也聋了。面对这个病人,最高明的医生也认为他根本没有复原的希望。这使得他一直生活在痛苦与黑暗当中。

1980年6月的一天,风雨交加、雷电轰鸣,鲁滨孙想起他家里饲养的小鸡还在屋外,心想:"糟了,我的小鸡惨了。我得赶紧去把它们找回来。"心急的他连忙拿起铝制的拐杖、戴上助听器到屋外去找他的小鸡。风吹得他几乎站立不稳,但是,他一想到小鸡还在屋外,就不顾危险地坚持下去。

当他走到一棵白杨树下面时,突然一声巨响,一道闪电从天而降,击得他当场不省人事。20分钟后,奇迹发生了,鲁滨孙睁开眼睛,发现自己能看得见了。更奇的是,他的听力也完全恢复了。这个意外的惊喜让他高兴得不知如何是好。

当他站在医生面前时,医生也目瞪口呆,连连说:"这真是不可思议呀!"经检查,他的双眼和耳朵是永久的痊愈。

一个月后,奇迹又发生了,鲁滨孙已经秃了30年的光头上竟然重新长出了头发。

据统计,美国死于闪电击的人平均每年约有150人,因遭雷

[神奇的惊天巧合]

电击中而复明的盲人只有他一例,这令科学家无法解释。雷电烧毁了白杨树和助听器,却治好了他的病,是巧合吗?还是雷电中带着某种不为人知的特殊功能?看来这个谜目前是无法破解了。

更不可思议的是,有一个被雷电击中的男子,侥幸地逃过了死神的魔掌,却从此渐渐失去了男性体征,越来越像一个女性了。这种离奇而巧合的事情在此之前还从未发生过。

几年前的一天,41岁的高尔夫球场管理员马田·卡马乔在球场工作时突然遭遇了伴有强烈而频繁的雷电现象的大雨。突然之间一道闪电划破天空的浓云,不幸的马田·卡马乔被它击倒在地,当即失去了知觉。同事们发现后,急忙把他送到附近医院。在一番紧急抢救之后,他终于脱离了生命危险。在病床上躺了两天之后,马田·卡马乔苏醒了过来。经过医生的检查,雷电并没有给马田·卡马乔造成太大的伤害,只是造成了一小部分记忆的丧失。

然而奇怪的是,医生们渐渐发现卡马乔说话的声调比以前尖了,就像是女人的声音一样。医生们很担心这次雷击会给卡马乔带来后遗症,因此要求他定期来做复查。

几个星期之后,卡马乔来到医院复查。这次医生更加惊奇地发现,卡马乔的胸部竟然隆起,就像女性丰满的胸脯一样。实验室的化验结果也显示,卡马乔的身体已经完全停止雄性激素的产生,而体内的雌性激素却大量增加。

医生们经过综合研究以后,一致认为卡马乔之所以会出现这种性征的变化,很有可能是因为雷击破坏了他的重要遗传因子,使得其体内的性激素分泌失去了平衡。除了胸脯隆起之外,卡马乔的胡子和体毛也逐渐开始脱落,皮肤也变得嫩滑了。医生也曾采取过一些措施制止这种变化，例如每天为他注射睾酮等，但是无法减慢这种性征的变化。最后医生们只好对此表示，他们也无能为力了。

惊魂的流星陨落

我们在晴朗的夜空里有时会看见一道明亮的闪光划破天幕，这就是常见的流星。流星在现代人看来是一种很普通的天文现象。但是在人类文明的早期，人们对这种异常的天象却有着敬畏心理。

1. 救人一命的流星

斯丘阿特·瓦特夫妇是一对传教士，他们夫妇受到前苏格兰传教士利文斯通的影响而选择从事这项工作。他们带着四个年幼的孩子开始了在非洲的传教生活。

独立之前的非洲，许多国家还处在非常落后的状态。那里到处都是部落居民，部落里有许多狂热的文化保守主义分子，他们大多信仰本民族的宗教，对外来传教者十分排斥。所以，瓦特夫妇经常受到各种文化保守主义分子的攻击和挑衅。为此，英国军方曾多次要求瓦特夫妇离开这些地区，到安全地带传教。但是瓦特夫妇认为这是上帝交给他们的任务，他们必须在这些其他传教士不愿意来的地方传教，越是艰难就越需要留下来。

[神奇的惊天巧合]

有一次，这个部落的人受到蛊惑，上千名居民拿着原始武器前来攻击瓦特夫妇。瓦特夫妇紧紧抱着孩子，跪在地上虔诚地祈祷上帝的援助。当时英国军队远在几十公里之外，根本来不及救援。当地居民叫嚣着冲进栅栏，团团围住小教堂，瓦特夫妇几乎陷入绝望。就在这时候，一个巨大的火球从天空急速降落，最终落在了这个部落的附近。然后，天空中发出一声巨响，它的响声超过了几千门大炮的轰鸣声，震得众人耳朵发痛。

这一连串的变故惊呆了发动围攻的当地居民，他们认为这是上天对他们的惩罚。于是这些刚才还在叫嚣着围攻小教堂的土著人都跪了下来，祈求上天宽恕他们。

其实这只是一个巧合，那个巨大的火球只不过是流星坠落时与空气摩擦燃烧起来形成的而已。巨大的流星陨落，将地面砸出了一个巨大的坑，发出巨大的声响。但是这一及时出现的流星拯救了瓦特夫妇和他们的孩子。瓦特夫妇也以为是上帝救了他们，因此对上帝更加顶礼膜拜。

2. 并不浪漫的"星星冻"

1979年8月10日夜，一道亮光划破天空，随后坠落到美国得克萨斯州达拉斯市附近。有人循着光团的坠落方向找过去，发现了三堆紫色的物体，其中一堆已经溶解了，另外两堆则被冷冻起来并被送去研究。这就是发生在20世纪的著名的"星星冻"事件。

"星星冻"是指相当奇怪的亮光或流星似的物体从天空飞过

之后，落在地面上的胶冻状物质。关于这种现象的最早描述发生在1541年，之后类似的事件时常发生。

比如在1819年的某个深夜，一个火球出现在深邃的夜空中，缓慢移动并最终降落在美国马萨诸塞州阿默斯特市一户人家的院子里。当天晚上，这家人并没有察觉到什么不同。到了第二天早上，主人在家门口附近发现了一些棕色的奇特物质。这堆物质是圆形的，直径大约为20厘米，有一层相对坚硬的外壳。掀开之后，露出柔软的中心，并释放着令人恶心的臭味。那家主人本来想把这堆东西处理掉，但发现它的颜色从棕色变成了血红色，并不断地从空气中吸取水分。他觉得有几分奇怪，于是把其中一部分收集到玻璃瓶里。三天之后，他惊奇地发现玻璃瓶里只剩下一层深色的薄膜，用手轻轻一捏，那些薄膜就变成了纤细无味的灰烬。

在威尔士方言里，"星星冻"的意思是"来自星星的腐烂物"，所以长期以来，人们一直认为"星星冻"和流星一样，与宇宙中的星球有着某种关系。但是美国的科学家曾经对"星星冻"进行仔细的化验，没有任何迹象证明它们是来自星星的腐烂物。

所以，科学家开始寻找更加现实的解释。有些动物学家认为，星星冻可能是鸟类的呕吐物；植物学家却相信，那是一种蓝绿色的念珠藻；加拿大的一位教授认为那可能是在腐烂木头上生长出来的一种凝胶状菌类……

但上述的任何一种解释都无法和"星星冻"被发现之前，天空中出现的亮光联系起来，所以"星星冻"的成因至今仍是个谜。

[神奇的惊天巧合]

月亮是个"乖巧的怪物"

在科学家的眼里，月亮是个"乖巧的怪物"。

它怪，在于已知的天文学知识中，没有哪个卫星如同月亮这样相对比例大得出奇，也没有哪个卫星的轨道是圆的，除非人造卫星。

它乖，因为月亮的很多数据都有很多巧合的精密设计：太阳与地球的距离，是地球与月球的395倍，而太阳的直径也正好是月球的395倍，致使地球上的人看到的月亮和太阳一样大，因而有月全食。月球自转一周的时间正好和绕地球公转一周的时间相同，所以月球永远以同一个面对着地球。月球在太阳与地球之间，刚好有一个倾斜角度，在夜晚时能把太阳光反射到地球上，照亮地球的夜空。

这一切都是偶然的巧合吗？在真正的探索者眼里，这些无缘无故的偶然背后必然有其根源。

1. 月亮为什么要把地表的模样刻在自己的"脸"上？

月亮对着地球的正面图，简直是一幅世界地图的展开图：北半球以月海为主，南半球以环形山为主；海的排列几乎近似于地球的陆地，环形山的分布几乎像地球的海底山脉。在月球上较大的几个海中，风暴洋像非洲，雨海和冷海像欧亚大陆，澄海、静海和丰富海犹如美洲，云海犹如大洋洲，梦湖犹如格陵兰岛，湿海犹如马达加斯加岛。

所谓的海，是月表极平坦的平原，比平均月面低几千米。所谓的环形山，是高度高于月海的环状山脉，山脉内侧陡，坡度多为35度，外侧缓，坡度多为5度，中间是平地，平地中央多有尖锥状、瘤状孤峰。正面上直径大于1公里的环形山超过30万座。月海与月山在月表的凹凸状刚好和地表海陆的凹凸状相反。环形山又与地表海底地貌相似，许多山脉犹如海沟的铸模。

因此月表正面的形状就好像地表面积按1/28比例缩小的铸模。

2. 让科学家头疼的月球起源说

目前，有关月球起源的说法有三种：第一个假说是月球和地球一样，是在46亿年前由相同的宇宙尘云和气体凝聚而成的；第二个假说是月球是由地球抛离出去的，抛出点后来形成太平洋；第三个假说是月球是宇宙中个别形成的星体，行经地球附近时被地球的重力场捕获，从而环绕地球。

原本多数科学家相信第一种说法，也有少数人相信第二种说法。可是自从人类登上月球，取回月球土壤化验

[神奇的惊天巧合]

分析后知道,月球的成分和地球不同:地球是铁多矽少,月球是铁少矽多,地球的钛矿很少,而月球很多,因此证明月球不是地球分出去的,第二种说法就站不住脚了。同样的原因也使得第一个假说动摇了,因为,如果地球和月球是在46亿年前经过相同过程形成的,那么成分应该相近才对,为何差异会那么大呢?所以,只剩第三种说法了。可是如果是其他地方飞来的星体飞进太阳系,太阳的引力比地球引力大很多,照理讲月球应该受到太阳的引力飞向太阳,而不是受到地球的引力而围绕地球转。

这三种"正统科学家"提出的假说,没有一项能解答月球起源的疑问,也没有一项禁得起严格的质问。事实上,时至今日,月球来自何处,仍是天文领域内的未定之论。

3. 关于月球的巧合中的巧合

月球距地球的平均距离约为38万公里。太阳距地球的平均距离约为15 000万公里。两两相除,得到太阳到地球的距离约为月球到地球的395倍。太阳直径约为138万公里,月球直径约为3400公里。两两相除,太阳直径约为月球直径的395倍。

395,多么巧合的数字,它告诉我们什么信息呢?

大家想想看,太阳直径是月球的395倍,但是太阳与月球的距离是月球离地球的395倍,那么,由于距离抵消了大小,使这两个天体在地球上空看起来就变得几乎一样大了!这个现象是自然界产生的,还是人为的?宇宙中哪有如此巧合的天体?

从地面上看，两个几乎同大的天体，一个照亮白天，一个照亮夜晚，太阳系中还没有第二个同例。著名科学家阿西莫夫曾说过："从各种资料和法则来衡量，月球不应该出现在那里。"他又说："月球正好大到能造成日食，小到能让人看到日冕，在天文学上找不出理由解释此种现象，这真是巧合中的巧合！"

这难道只是巧合吗？有些科学家并不这样认为。科学家谢顿说："要使太空船在轨道上运行，必须以每小时18 000哩（1哩约为1609.344米）的速度在100哩高度的太空中飞行才行。同理，月球要留在现有的轨道上，与地球引力取得平衡，也需有精确的速度、重量和高度才行。"问题是：这样的条件不是自然天成能够做得到的，那么，这是如何形成的呢？

月球永远以同一面对着地球，它的背面直到被太空船上的宇航员拍照后人类才能一窥容颜。以前天文学家认为，月球背面应和正面差不多，也有很多陨坑和熔岩海。但是，太空船照片却显示大为不同，月球的背面相当崎岖不平，绝大多数是小陨坑和山脉，只有很少的熔岩海。

此种差异性科学家无法给出解释。照理论言，月球是太空中的自然星体，每面受到太空中的陨石撞击的概率应该相同，又怎会有内外之分呢？月球为何永远以同一面向着地球？科学家的说法是，它以一定的速度自转，另一方面也在绕着地球公转，它自转一周的时间正好和公转一周的时间相同，所以月球永远以一面向着地球。

太阳系其他行星的卫星都没有这种情形，为何月球正好如此，这又是一种巧合中的巧合吗？我们至今不得而知。

[神奇的惊天巧合]

雪崩的巧合与宿命

雪崩是危险的高山灾难之一,是高山上威力无比的"妖怪"。致命的雪崩在历史上多有发生,不过巧合的事情往往是无法预计的。

1. 致命的远程炮

战争永远都是勇敢者的游戏,在战场上只有勇敢者才更有可能活着走到最后。但是,有时也会有幸运的士兵凭借运气活了下来。史蒂夫就是其中之一。

史蒂夫是第一次世界大战时期意大利的一名普通士兵,跟另外一名士兵是一场战役仅有的幸存者。但是他幸存的原因不是因为英勇善战,也不是因为临阵脱逃,而是巧合让他们俩存活下来。

"一战"是同盟国德、奥挑战协约国英、法的战争,第三年是关键的一年,德国在西线跟英法联军展开了激烈

的争夺。因兵力有限，德国无法向南线派遣军队，只能依靠奥匈帝国的军事力量。这一年寒冬，奥匈帝国的军队与意大利的军队在杜鲁米达山谷相遇。杜鲁米达山谷是通往意大利的必经之路，如果奥匈帝国占领这里，就可以俯视亚平宁半岛。

如此重要的战略地区自然也引起了意大利的重视，意大利国王派遣了精锐的第11师前去守卫。史蒂夫就是这时随军赶往前线的，他所在的军队日夜兼程，终于跟奥匈帝国的军队同时赶到。两国的军队各自占住山谷的一端，阻止对方的进攻。当天夜里，双方先是一阵炮战，然后是短兵相接。因为双方的兵力差不多（都有6000人左右），再加上是晚上，战斗不容易全方位展开，所以双方的军队轮番上阵，史蒂夫就曾在夜里两次起来战斗。

这场战役持续了一整晚，双方都付出了四分之一的伤亡。然而，他们都没有停止的意思，还在继续着战斗。只是后来天公不作美，下起了大雪，影响了能见度，双方才不得不停止战斗。

大雪一直下了将近半周的时间，连战壕都被埋住了。雪天一停，战役又重新开始。奥匈帝国军队方面接到上级命令，要求必须攻过山谷，因为敌军的援军就快要到了，而本国已经没有援军可派。

得到命令的奥国将领向军队下达了命令，要求炮声过后，全线冲击，必须在这一天攻下意大利的阵地。就在师长下达命令后，大炮就开始响起来，同时意外发生了，山谷两侧的雪经不住大炮的轰炸奔涌而下，瞬间埋住了山谷口。奥国军队一看退路已经被切断，只有战胜对手才能从另一个山口出去，求生的本能使他们鼓起勇气向意大利的阵地冲来。

[神奇的惊天巧合]

巧合的事发生了，就在奥匈帝国军队发起冲击的时候，意大利阵地的山上也发生了雪崩。积雪迅即堵住了出口。就这样，两国军队近两万人全被困在山谷中。这一突来的变故让两国的官兵停止了战斗，坐在一起商量如何从这封闭的山谷中走出去。

正在两军师长商量退路时，山上再次发生雪崩，大家只能退向山谷的中间。可是，狭小的地方根本容不下这么多人，于是就有人被埋在雪下，最后，积雪覆盖了整个山谷。

作为炮兵，史蒂夫一直不愿意离开他的武器——远程炮，这是一种新发明的大炮，射程非常远，两军对垒的距离根本不够它"发挥"。远程大炮的特点就是炮管特别长，炮管下可以躲至少5个人。雪崩时，史蒂夫没有随大部队逃往山谷的正中央，而是躲在了炮管下，跟他一起躲在炮管下的还有另外一名士兵。

这次雪崩共埋葬了两国近一万人的军队，只有史蒂夫和那位士兵幸免于难。救史蒂夫的就是那门远程炮。

在战争史上，这也算是一个巨大的巧合，如果不是现代化的火炮，根本就不会发生雪崩。但也正是现代化的远程炮，拯救了那两位幸运的士兵。

2. 雪山上的回力镖

澳大利亚的雪山山脉位于新南威尔士州的南部，自墨尔本西侧向南至维多利亚州界属于大分水岭的一支。位于此山脉的科修斯科山，海拔2228米，为澳洲最高山峰。山顶终年积雪，因此澳大利亚人称它为雪山。早在"二战"结束不久，这里就被开辟为国家公园，每年吸引着无数的登山爱好者和探险者，朱那翰·巴利就是其中一个，他希望能徒步攀越这座雪山。

　　暮色笼罩下的雪山闪烁着神秘的光芒，放眼望去，白皑皑的山峰直达天际。辽阔的荒野上偶尔响起几声鸟鸣，使得这里显得更加静谧。朱那翰·巴利喜欢在这种环境下攀岩，独自享受的刺激和快乐让他格外精神。不巧的是，连续几日的晴朗天气，晒得山上的雪有些融化了，所以此时攀岩格外危险。不过，朱那翰·巴利选择的是山脉向阳的一面，那里没有积雪，完全符合攀岩的要求。

　　正当巴利向顶峰努力攀登的时候，他突然感到山体在晃动，随后就是轰隆隆的巨响。直觉告诉他：雪崩了。突然的灾难让巴利无所适从，他赶紧贴近山体，抓紧手边的石头。雪崩是可怕的，白雪从山顶携带着岩石滚下山来，无数的雪球越滚越大，最后汇集成更为巨大的雪球坠落山崖。轰隆隆的声音震耳欲聋，让巴利的心提到了嗓子眼。不过，巴利所在的地方正好是山体的凹形地带，受不到雪球的直接撞击，只是零星的小雪块会砸中他。

　　雪崩持续了半个小时后逐渐停下来，看着背后不停落下的雪球，巴利庆幸自己先爬上了山腰，否则必定被埋在雪堆里了。不巧的是，虽然大规模的雪崩结束了，但是一些小的雪球还不停地砸在巴利的身上。持续了几分钟后，他有些坚持不住了，但是他明白一旦掉下去将会是灾

[神奇的惊天巧合]

难性的结果。巴利咬牙坚持，可是最终没有抓住，他绝望地闭上双眼，感到自己坠落在雪堆上，然后顺着山坡滚了下去。

一阵寒风让巴利清醒过来，他挣扎着站起来。他感到右腿非常疼痛，无法使劲。他知道自己摔断了腿，而且背上剧痛无比，估计是骨头碰坏了。幸好还活着，这真是不幸中的大幸。

然而，周围的一片寂静让他想到这个时候是不会有人来救援的，就看自己能不能撑到明天了。以他现在的情况，如果等到明天，肯定会被冻僵。朱那翰·巴利一边后悔不该此时独自攀登，一边祈祷有人能够来救援。

或许是命不该绝，不久之后，朱那翰·巴利等来了一个机会。因为发生雪崩，国家公园的管理局认为应该派遣飞机前去探查，以确定第二天能否照常开园。

听到飞机的声音，朱那翰·巴利惊喜万分，他相信这是自己的虔诚感动了上帝。然而，巡逻的飞机怎么能看到自己呢？如此的高度即使是在白天，也很难观察到，何况现在还是黑夜。叫喊的声音完全被飞机的轰鸣声压过，根本不可能惊动飞行员。

正在苦恼的时候，他想起了自己的回力镖，这是他在当地买来作为防身用的。朱那翰·巴利是个回力镖高手，能随心所欲地在空中打出心想的字来。于是，他赶紧在回力镖上涂上用作路标的荧光漆，这样回力镖就能在夜空中显出醒目的绿光来。做好这一切后，等到飞机靠近时，他便使劲将回力镖一支支地抛向夜空。这些回力镖在空中划出美丽的弧线，显示出几个字母来：SOS。

巴利躺倒在地上，他已经用尽了全身的力气，浑身的疼痛让他昏了过去。飞机驾驶员知道有人遇难了，立即向总部报告。

一个小时后,直升机准确地落在朱那翰·巴利的身旁。巴利获救了。

这既是巧合,也是他能力和机敏的体现。巧合有时跟机会一样,都会青睐那些有准备的人。

神秘的动物第六感

2004年底,一场罕见的海啸席卷印度洋岛国斯里兰卡,据报道在这场灾难中共有2.2万斯里兰卡人遇难。但令斯里兰卡野生动物学家大感惊异的是,他们居然没有发现一具动物尸体。有关专家说:"动物也许能感知到这场灾难,它们有第六感,它们了解要发生的事情。"

1. 能预测生死的老鼠

在中国,老鼠向来就不是什么好角色。有句谚语叫"过街老鼠人人喊打",说的就是人们对老鼠的憎恨。然而在大洋彼岸的美国却上演过一出老鼠预测死亡的离奇戏剧。

"二战"后,纽约的一间廉租房里一直住着从事电影工作的莱蒙德·马西夫妇。有一天,马西夫人从二楼窗口探头眺望,突然发现对面公寓的地下室有许多老鼠正在列队横穿马路,向自己家的方向蜂拥而来。被这一场面吓坏了的马西夫人立即打电话给卫生局,寻求灭鼠的办法。随后,卫生局派出的灭鼠队

[神奇的惊天巧合]

赶来，马西夫人也从朋友和邻居家借来了猫。但是老鼠实在太多，连老鼠的天敌——猫，都畏惧到不敢上前。

就在马西夫妇为灭鼠大伤脑筋的时候，对面的富豪太太自杀了。这让马西夫妇吃惊不小，因为富豪太太为人勤俭、待人热情，和四方邻里相处得都很好，也没有听说有什么想不开的事情。让马西夫妇更为惊奇的是，老鼠是在富豪太太自杀之前成群结队而走，而富豪太太死后，老鼠又浩浩荡荡地回到了对面的别墅。

然而，巧合的事情还在不停地发生着。富豪太太死后，这栋房子就被拍卖了。新搬来的主人是一个年轻女人，她衣着时尚，有着一头金黄的头发。原来新主人是个舞女，而且时常有个青年男子跟她出双入对。有一天，一名青年男子猝死在楼里，死因是心脏病突发。奇怪的是，在他猝死之前，楼里的老鼠又一次成群结队地逃往马西夫妇家。

马西夫妇再次准备灭鼠，这次他们找来了很多猫，还放置了许多捕鼠夹。但让马西夫妇吃惊的是，那个青年男子死后，老鼠又重新回到对面的楼里。夫妇俩对此迷惑不解，他们正要打电话询问卫生局的时候，发现先前的舞女因为男友的去世已经搬走了，对面公寓里住进了一位年轻的实业家。

实业家生活忙碌，整天早出晚归，家里很少有人，有时候夜里也不亮灯。不过有一天，马西夫妇又发现老鼠从对面公寓蜂拥而来。此后，人们再也没见到那位实业家，马西夫人也不由得为实业家担心起来。果然，不久之后，报纸报道这位颇有潜力的实业家因飞机失事死亡。马西夫人为此懊恼不已：如果在老鼠横穿过来的时候，及时告诉实业家，说不定他就能避免灾难。老鼠每过一次街，对面公寓的主人就要死掉，这让马西夫人对这群老鼠产生了疑惑和畏惧。

实业家死后，这群老鼠就重返家园，再也没有横穿马路到马西夫妇家里来了。公寓主人接连死于非命，让人们对这栋别墅产生了恐惧，再也没有人敢租用这里了。巧合的是，这位设计师在房屋造好后就精神失常了，住进了精神病院。而在房屋空闲之后不久，他就溜出了精神病院，跳下赫德森河死了。

为何每次老鼠过街，公寓的主人就会离奇地死亡？这仅仅是世界上众多巧合事件的一起，还是这群老鼠真能够预测死亡呢？我们不得而知。

链接：动物的电磁感应能力

许多动物对空中的电磁波有很强的敏感性。目前已有科学家利用动物对电磁波的敏感性来预测自然灾害，如地震、海啸等，并取得了很多成功的经验。1975年2月，中国辽宁省海城市发生了7.3级地震。震前人们观察到许多动物有明显的反常行为，如狗发狂地吠叫，猪相互撕咬、不时用嘴拱泥地，牛挣断绳子疯狂地逃窜，老鼠和蛇纷纷从洞穴中爬出等。动物的各种异常行为被及时地反映到地震监测部门，有关部门汇集其他资料再预测地震的发生，及时疏散人口，才没有造成太多人员的伤亡。

德国电磁化学家赫尔穆特里布切认为，地震和海啸发生之前，空中电磁场的变化及空中漂浮物能促使动物体内产生一种血清素，即5-羟色胺。这种物质能使动物感到不适，产生类似于人类的恶心、血液循环受阻、呼吸困难等不良反应，从而造

[神奇的惊天巧合]

成动物行为的反常。奥地利气象学和地球动力学家认为，动物能在地震发生前的数秒钟内，感受到空中微弱的电磁波，这种微弱的电磁波来自于地震产生的空气压缩，而人类对此则毫无反应。

2. "海上救生员"海豚

　　古往今来，一直流传着许多关于海豚救助人类的美丽传说，但是它不只会出现在传说里面，也曾真实地发生在现实之中。可见海豚"海上救生员"的称号是名副其实的。

　　关于海豚救人的记载，最早出现于希腊历史学家希罗多德的名著《历史》。这本书里记载了公元前5世纪，海豚救助落进大海的希腊科林斯的音乐家阿里昂的故事。

　　阿里昂带着财宝乘船返回家乡。可是在返航途中，水手们无意中看到了阿里昂的巨额财富，于是便起了谋财害命的打算。在浩瀚无边的大海上，阿里昂叫天天不应叫地地不灵，只好放弃钱财，请求水手们让他在死前演奏一曲。水手们已经拿到钱财，只想杀掉阿里昂灭口，觉得早晚杀他都一样，就答应了他的请求。阿里昂在船头展现他绝世的音乐才华，完美地演绎了一曲动听的音乐。音乐停止之后，他纵身跳入大海，宁肯葬身海底，也不愿落到水手们的手中。就在阿里昂跳进大海的时候，一只海豚接住了他，将这位杰出的音乐家送到了希腊的伯罗奔尼撒半岛。据说这只海豚是听到了悦耳的音乐才游了过来，正好救了这位音乐家。这难道不是一种难得的巧合吗？

不仅在古希腊，美国也出现过海豚救人的事件。

1949年，一位律师的妻子在佛罗里达州的海滨浴场游泳。正当她享受海滨游泳带来的快乐时，突然水下的一股暗流将她卷入远海，接着是一排排汹涌的海浪无情地拍打在她的身上。眼看着她就要沉没在海水中，突然一只海豚飞快地游来，用身体拖着这位落水的女性，将她推到浅水中。这位女子清醒后发现自己竟然没有死去，庆幸之余，却不知道是谁救了她。因为海滩附近空无一人，只有远处一只嬉戏的海豚。

鲨鱼是海中的"巨无霸"，它们凶残成性，人不幸落入它们口中，多数情况是九死一生。然而，有些人却能在鲨鱼的攻击下幸免于难，这都得益于海豚的搭救。

20世纪50年代末，"里奥·阿泰罗"号客轮在加勒比海发生爆炸，落入海中的游客都在汹涌的海水中挣扎，许多人都力竭而死。附近的鲨鱼闻到了血腥味也大批地赶来。眼看人们就要死于鲨鱼之口了。然而就在此时，成群的海豚恰好游过，看见鲨鱼要逞凶，就见义勇为地将鲨鱼赶走，乘客们看到了生还的希望。

这些幸存者都得到了海豚的搭救，在故事中海豚往往会出现在人类落水的海域，似乎海豚知道人类有灾难。因为人们经常在海里获得海豚的救援，所以海豚被称为"海上救生员"。但为什么海豚会救人呢？为什么它们会及时出现在人们遇难的海域呢？现代的科技还无法解释这一切，我们只能将之归结为巧合。

3. 集体自杀的麻雀

有时我们见到一只小鸟死在树上或者路边会觉得很正常，因为动物跟人一样都难免一死。可是，当我们看到一群麻雀同时死在面前，就难免觉得奇怪了。毕竟群体性死亡不多见，尤其是对鸟类来说，它们遇到威胁时可以迅速改变方向，起飞的速度足以让它们逃生。

上海的崇明岛就出现过这样一个奇怪的现象：来自四面八方的成群的麻雀落在了崇明堡镇医院的一棵水杉树上，没多久，这些麻雀没有任何挣扎就死去了。

当时恰巧有个门卫看到了这一切：他看到大批麻雀先后飞到医院的院子里，之后在没有任何外力的情况下几乎同时躺倒在地死去。他还好奇地前去数了数麻雀的数量——197只！医院附近的居民区中也有十几只，也就说这次共有200多只麻雀突然死亡。

鸟类专家分析，这次麻雀死亡有两种可能，第一种可能是食物中毒。但是，居民们对此并不认同，因为崇明县堡镇医院附近的农田里根本没有庄稼，麻雀以农作物为食，所以不大可能中毒，除非是在其他地方误食。第二种可能就是生态系统发生变化，才使得麻雀产生这种非常规行为。鲸鱼经常搁浅于海边，被当成自杀，难道麻雀也会自杀？专家分析，可能是反常的天气导致了麻雀的这种反常行为。可是，在事件发生的当天，崇明岛附近没有任何异常，气温也正常。

麻雀并非群居，然而却死在同时同地，确实令人称奇。然而，这或许就是一次巧合，以后也不会再出现了。

4. 猫和狗的预感

每当两只爱尔兰塞特纯种猎狗向大门方向蹿去时，狗的女主人伊韦特·爱德华就知道，再过几分钟自己的丈夫彼得·爱德华就要驾车回来了。

彼得在英国伦敦工作，是一名工程师，他每次回家的时间都不固定，有时因工作忙也来不及告诉家里。但每当彼得的车在离家还有10多公里的威奇福德与埃塞克斯镇交界处刚一拐弯时，两条长有瘦长腿和红棕色毛的爱尔兰塞特犬就会预先冲到门前等候男主人回来。"12年来，这两条狗总是这样，从来没有出过差错。"伊韦特常常又惊又喜地对别人说。

德国慕尼黑的琳德·迈耶尔对狗预感行为的准确性也确信不疑。她的狗叫杰基，是一只雄狗，常常在主人还没有注意的时候就摇着尾巴蹿到家门前花园的篱笆旁，然后琳德的儿子准会出现在篱笆旁。儿子每周六都会乘车来看望母亲，每一次杰基的反应总比琳德要早些。

德国动物行为学家、《猫和狗的预感》

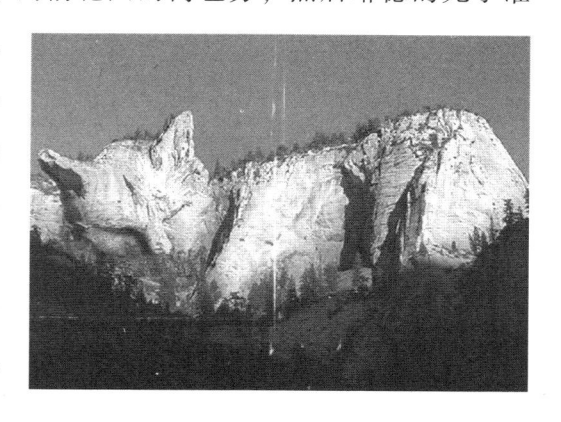

[神奇的惊天巧合]

一书作者阿基夫·皮林西和罗尔夫·戴根都认为，猫和狗的体内有一个精确的"钟"，虽然没有确切的节奏，但它们能预感将要发生的一些事情。因为猫和狗观察人时特别仔细，它们会注意主人平时的每一个动作、举止、习惯及其变化，并相应地做出反应。

此外他们还认为，一些动物还有远远超过人类的超前预感能力。如狗可以凭嗅觉和听觉感知许多东西的存在和许多将要发生的事情，从而避免一些不幸和灾难的发生。

有一只名叫瓦尔特曼的猎獾犬，一天半夜里不停地吠叫，直到唤醒了女主人。"它一定要拽着我出门，似乎外面将要发生不寻常的事。"女主人说。结果20分钟后警笛声大作，消防车也风驰电掣般赶来了。原来，邻居家的房屋着火了，瓦尔特曼比它的女主人更早觉察到了大火燃烧之前弥漫的烟味。

德国动物行为学家阿尔布莱西特曾说："有一次，我以为家里的那只母狗发疯了，它大声吠叫着向门扑去，似乎想要出去。我将它关在屋里，它叫得更凶，还用爪子抓门。这时，我预感到可能有什么不祥的事情发生。突然我的丈夫推门进来了，他浑身是伤，脸上流着血。后来我才知道那晚丈夫去的那家酒馆里发生了一场殴斗。"

美国伯克利市一位工程师家里养了一只名叫韦斯金斯的宠物猫，全家都认为韦斯金斯具有一种特有的心灵超预感能力。如果工程师从外面打电话回家，只要电话铃声一响，韦斯金斯就会跳到桌上并用前爪轻轻地推动听筒，而对别人打来的电话它却一概不加理睬。

除了有预感能力外，某些动物还有返程识别能力。德国女编辑英格·帕罗尔在回忆她的祖父母养的一只牧羊犬的趣事时，充满好奇："我的祖父母曾养过一只牧羊犬，名叫罗尔夫。'二战'后，祖父母打算从乡村迁到城里，只得把罗尔夫卖给别人。他们乘火车把罗尔夫送到了一户农民家，那里离祖父母的乡间住所有80多公里。没想到，不到两天，罗尔夫就出现在我们家门口了。这只牧羊犬大约花了一个晚上的时间跑回来。罗尔夫是怎样准确无误地返回原来的住所的，我们不得而知。但此前，它从来没有去过那里。"

德国动物行为学家鲁伯特·莱希霍尔夫认为，这是动物的返程识别力。大部分动物都有这种识别力，如狗、猫、龟、鸟类和昆虫等，而且返回的速度也出乎意料的快。莱希霍尔夫还打了一个形象的比喻：动物之所以能从陌生的远处成功地返回原处，是因为从原处到动物之间好像有一根无形的皮筋，这条皮筋能将动物弹回原处。将它们送得越远，"皮筋"似乎就绷得越紧。

那么，这些神奇的动物究竟是怎样返回原处的呢？科学家们曾做了大量的试验和研究。

20世纪50年代，在德国基尔大学，科学家曾做过这样一项试验：研究人员将猫送到离原处好几公里的地方，那里有一座迷宫，迷宫的中央有通向四面八方的岔道。令人吃惊的是，猫总能选择最近的通道回到原处，其选择目标和方向的准确率令人惊讶。此项目的研究者认为：动物在寻找归途中会利用途中的光、声音和气味等特征来判定目标，也可以说它们能产生一种具有三维立体感的可视图，这些可视图在主人送它们去往远处的途中，也许就已储存在了它们的记忆中，其

[神奇的惊天巧合]

中声音起到主要作用,例如汽笛响声、街道异常的噪声、火车的隆隆声等。借助于可视图来寻找归途是许多动物的本能,也是种群发生学遗传下来的动物特性,这种遗传特性在许多野生动物身上也有体现。

科学家们还认为,如果把猫或狗送到更远的地方,比如超出100公里,这些功能可能就不灵了。但还是有例外发生:住在纽约的一位兽医要迁往加利福尼亚州,便将原来养的猫留在了纽约。没料到数月之后的一天,兽医发现在新居门口蹲着一只疲惫不堪的猫,他仔细辨认后发现它竟是原来养的那只猫。显然,这只猫经长途跋涉神奇地回到了主人的身边。

植物的情感世界

不是每一个人都有心思养宠物,但是每一个人周围都不乏"绿色朋友",它们也会以各种反常现象发出信息。如果我们发现身边一些植物出现异常现象,那么这可能是即将来临的自然灾害的预兆。

1. 植物界的"测震员"

历次地震前,都有人发现一些植物呈现出反常现象。

宁夏西吉县1970年发生过一次地震。震前一个月的初冬季节,在离震中60公里的隆德县,蒲公英居然开了花。合欢树的羽状叶平日里总是昼开夜合，与人的生物钟一致，而震前一个月左右，合欢叶子不分昼夜总是呈现半开半合的状态，白天开不旺，夜晚也不肯安然入睡。

1975年2月初，辽宁省海域发生了一次强烈地震。震前一个多月，那里的许多杏树提前开了花，含羞草的叶子也出现了反常的闭合行为。

1976年四川地震前夕，"熊猫之乡"的平武地区出现了令人心寒的一幕：熊猫赖以生存的箭竹突然大面积开花，花凋谢之后竹子几乎全部枯死了；一些玉兰树开花后又莫名其妙地二度开花；桐树大片大片地枯萎凋零……

1976年7月28日唐山大地震后，人们调查发现，在此前一段时间，唐山地区和天津郊区的一些植物似乎早已预感到灾难的来临，纷纷出现了异常现象：柳树枝条枯死，竹子开花，苹果树结了果实后再度开花……

日本专家鸟山，多年来从事植物预报地震的研究工作。他选择合欢树为研究对象，利用高灵敏度的仪器测量合欢树体内的电位变化。经过几年的不懈努力，他惊奇地发现，在打雷、闪电、火山活动和地震等自然现象发生以前，合欢树内会出现明显的电位变化和增强了的电流。

鸟山在实验手册上有这样的记载：1978年6月6日至6月9日的4天中，合欢树的生物电流呈正常状态，到了6月10日至11日，他一直研究的那棵合欢树突然出现极为强大的电流，及至6月12日上午10点钟又观察到更大的电流，当天下5点14分在附近地区官城县海域便发生了7.4级地震。十几天后余震消失，合欢树的电流才开始恢复正常。

1983年5月24日至25日，鸟山又一次测量到合欢树异常的电流变化。果然5月26日中午时分，日本海中部发生了7.6级地震。鸟山通过多年的研究得出，合欢树预测地震有相当的可靠性。

2. 大树在"下雨"

四川仁寿县的虞丞乡有一处文物古迹，是南宋时期抗金名相虞允文的墓地。2009年2月，这处古迹出现了一个奇怪的现象：生长在墓地坟头的一棵大树居然在大晴天自动落下水滴。这个现象被当地人广为传播，一时间引得四面八方的人都来观看，每天聚集在墓地的有一万多人。看过的人一致认为，这是大树在"下雨"。

但是，大树自己怎么会"下雨"呢？这其中又有什么原因呢？

这棵树原本并不会下雨，但是在2009年2月中旬，有人从树下经过时发现，树上居然落下了毛毛细雨，这些雨滴甚至能把衣服淋湿。站在树下，人们能感到水滴落在身上，并且只要大声说话或鼓掌，大树落下的水滴就更多了。当地的村民也觉得很奇怪，这个丞相墓在这里800多年了，一直没有出现过这种情况。

更奇怪的是，这棵大树正好生长在墓地的坟头上，为大树下雨增添了不少神秘的色彩。很多人因此认为，这里具有某种灵气，是神仙显灵，才让大树下起了小雨。

说大树下雨是神仙显灵显然是毫无根据的，但这事情还真是有点奇怪。那么，自然界究竟有没有其他会下雨的大树呢？

据记载，在南美洲等一些热带地区，有一种所谓的"雨树"，高约20多米，树冠呈平顶状伞形，扩张面积最大可达30米。这种树之所以会下雨，在于其奇特的树叶。长约40厘米的"雨树"树叶呈碗状，落到叶面上的液体都会被聚集起来，晚上叶面卷起来，将聚集到的液体包裹其中，白天气温高时叶面会慢慢舒展开，聚满的液体就会溢出叶面，形成一种所谓的"下雨"现象。

无独有偶，在浙江宁海天明山温泉景区内，也有两棵会下雨的奇树。

这两棵树，其中之一是香檀树，生长在半山坡，地势较高。据在附近干活的人们说，开春到现在，它断断续续出现过下雨的情景。除了这棵香檀树，水库下游的一棵冬青树也有这个本事。知情者透露，有时它们会全天不停地下雨，雨量时大时小。

除了这三棵树会下雨，在海口市龙华区龙桥镇龙鸿村也曾有一棵树会下阵阵"细雨"。这棵树高约15米，当地村民说树龄约有40年了。

3. 植物一半是O型血

植物也有血型，而且竟和我们人类的血型十分相似。总的来说，植物的血型一半是O型，而世界上46%人口的血型也是O型，这难道是巧合吗？为什么植物没有血液却有血型呢？据专家推测，植物体内的液体能够运输各种养料和排泄废物，作用和人类的血液差不多。

1982年，日本东京发生一起杀人案，被害者死在床上，身旁的衣物有点点血迹。检查血型时，为了对比，同时检查了血迹附近的部分。化验结果：血迹是A型，与死者的血型相同，而未沾上血迹的部分虽然反应很淡，却呈现了AB型。"没有血迹怎么会有血型？"检查者在纳闷之际，突然想检查一下死者枕头套里的荞麦皮，结果血型鉴定是AB型。此后，专家对不少蔬菜、水果等进行检查，发现150种蔬菜、果实中，有19种有血型，如萝卜叶、苹果、草莓、南天竹、甘蓝、南瓜、梨、辣椒粉、山茶为O型；葡萄、李子、咖喱粉、花椒粉为AB型；枝状珊瑚为B型；芜菁根、萝卜、米、马铃薯、大麦、甘薯、小麦等无血型，并且植物中还未发现有A型的。

4. 美丽的数学模式

人类很早就从植物中看到了数学特征：花瓣对称排列在花托边缘，整个花朵几乎完美无缺地呈现出辐射对称状；叶子沿着植物茎秆相互叠起；有些植物的种子是圆的，有些是刺状，有些则是轻巧的伞状……所有这一切都向我们展示了植物中许多美丽的数学模式。

著名数学家笛卡儿根据他所研究的一簇花瓣和叶形曲线特征，列出了"$x^3+y^3-3axy=0$"的方程式，这就是现数学中有名的"笛卡儿叶线"，或者叫"叶形线"，数学家还为它取了一个诗意的名字——茉莉花瓣曲线。

后来，科学家又发现，植物的花瓣、萼片、果实的数目以及其他方面的特征都非常吻合一个奇特的数列——著名的斐波那契数列：1、2、3、5、8、13、21、34、55、89……

向日葵种子的排列方式就是一种典型的数学模式。仔细观察向日葵花盘，会发现有两组螺旋线，一组顺时针方向盘绕，另一组则逆时针方向盘绕，并且彼此镶嵌。虽然不同的向日葵品种中，种子顺、逆时针方向和螺旋线的数量有所不同，但往往不会超出34和55、55和89或者89和144这三组数字。这每组数字就是斐波那契数列中相邻的两个数。

雏菊的花盘也有类似的数学模式，只不过数字略小一些；菠萝果实上的菱形鳞片，一行行排列起来，8行向左倾斜，13行向右倾斜；挪威云杉的球果在一个方向上有3行鳞片，在另一个

[神奇的惊天巧合]

方向上有5行鳞片；常见的落叶松是一种针叶树，其松果上的鳞片在两个方向上各排成5行和8行；美国松的松果鳞片则在两个方向上各排成3行和5行……

如果是遗传决定了花朵的花瓣数和松果的鳞片数，那么为什么会如此的巧合与斐波那契数列一致呢？我们至今不得而知。

第二章
生活·无巧不成书

在多姿多彩的生活中,我们经常会产生各种各样的不解和疑问,或者视其为巧合。如果在不可思议的惊叹之后,用一种科学的态度和理性的方式对待它们,那么我们的未来一定会更美好、更精彩。

[神奇的惊天巧合]

爱的奇迹

与恋人的情感，是人类感情生活的重要组成部分；梦中的恋人，是感情生活状况的体现。与爱人相关的不同的梦境代表着不同的含义。

1. 情牵伊人，古堡寻梦

1918年10月的一个晚上，波兰姑娘罗娜做了一个十分可怕的梦，她梦见自己失踪的男友史坦尼在一条黑暗的隧道里摸索前进，随后又跪在地上失声痛哭。令人奇怪的是，同样的梦她做了好几次。

罗娜的男友是一名军人，他在一场激烈的战斗中失踪了。于是罗娜便到警察局去寻求警察的帮助。警察当局认为罗娜思想幼稚，没有理睬她的要求。

到了1919年夏天一个炎热的晚上，罗娜在梦中看见山上有一个古堡，古堡上的塔已经倒

塌。当她走近废墟时听见有人呼救，她立刻就听出来是男友史坦尼的声音！呼救声是从一大堆石头底下发出的。罗娜想将石头搬开，但却无能为力。罗娜眉头紧锁，怎么也想不出好办法。就在这时候，她从睡梦中惊醒。

一连好几个晚上，罗娜都做着同样的梦，搅得她心绪不宁。她把这件事告诉了妈妈，妈妈又对村里的教士说了。教士认为这是由于罗娜思念史坦尼，心理上受到压抑而造成的。罗娜没有办法将梦中的事情忘掉，可是怎样才能找到这座古堡呢？要知道欧洲到处都有破败不堪的古堡。

同样的梦境一再出现，罗娜的心在滴血。尽管她没有多少钱，但还是打定主意要去寻找那座古堡。一路上，罗娜尝尽了辛酸，她不断向人们倾诉她的梦，可是没有一个人相信她所说的话。

1920年4月25日，罗娜来到波兰南部的一个小村落。她只朝那座立在村旁山顶的古堡看了一眼，便忍不住叫出声来："不错，这座古堡和我梦中看到的一模一样！我的努力没有白费！"罗娜激动得泪流满面，一下昏倒在地上。

人们很快围了上来。警察走过来询问出了什么事，这时罗娜已经苏醒过来，看到警察，就指着那古堡说："就是这座古堡，我终于找到它了。"警察听了觉得奇怪，没错，那里是有一座古堡，但这有什么大惊小怪的呢？罗娜讲了梦中的经历，但还是没有人肯相信她。罗娜坚定自己心中的想法，决心要挖开这座废墟。于是，一群好奇的人就跟着她去了。

他们费劲地移开大石块，忙了整整两天终于找到了入口处，果真听到有人从黑暗中传来微弱的呼救声音……

史坦尼被救了出来，此时的他衣衫褴褛、脸色苍白。两年

[神奇的惊天巧合]

的黑暗生活如同噩梦一般不堪回首。两年前,他到这座古堡参观,正巧一颗炸弹炸中了堡塔,石块倒塌封住了入口。史坦尼就被困在了里面,一直没有找到出口。于是他靠吃军队存在古堡中的几十箱乳酪和米酒维持生命,还找到几根蜡烛照明。他每天都向上帝祷告,希望奇迹出现。现在奇迹终于出现了。他感谢罗娜,如果不是她,自己恐怕再也出不来了。

凭着一个梦,罗娜拯救了被困两年的男友。可究竟是什么把史坦尼在古堡遇难的情况多次幻化成梦的形式告诉罗娜,又指引着罗娜克服困难去寻梦呢?

难道真有上帝在引路,让罗娜找到古堡并成功救人?或许只有上帝对这一事情的来龙去脉知道得一清二楚吧!或许是上帝也被这对爱人的感情所打动了。

2. 梦里梦外,生死相随

1933年,韦纳与爱玛举行了一场隆重的婚礼。几天后,他们来到风景如画的瑞士度蜜月,住在一个酒店中。当两个星期的蜜月结束时,夫妇俩由于深深眷恋宁静典雅的瑞士山村生活,便决定长住下来。一晃半个世纪过去了,他们再也没有离开过瑞士。

然而,好景不长,第二次世

界大战爆发,战争破坏了原本安宁的生活,最致命的是摧毁了两人的经济支柱,他们的积蓄在1957年就全部花完了。幸运的是,酒店主人卡特对两人的恩爱钦羡不已,对他们眷恋瑞士湖光山色并在此定居的行为也颇为欣赏,于是仍然让他们居住在酒店中,并无偿为他们提供服务。

据酒店内一名服务员介绍说:"韦纳与爱玛的脸上永远面带微笑,他们从不吵架,非常恩爱。即使在经济拮据之时,他们之间的互相关爱和体贴也丝毫没有改变。"

一次,爱玛做了一个奇怪的梦:她梦见自己的丈夫突然离开了人世,而她因为悲伤过度,也在18天后死去,死后两人葬在了一起。爱玛被这个梦惊醒了,她心里感到非常不安。半个月后,韦纳在睡梦中平静地死去,享年78岁。爱玛痛不欲生,她在丈夫的墓旁特地挖了自己的墓,希望自己死后仍可以陪伴在韦纳的身边。

18天后,在极度的悲伤和思念中,爱玛也平静地离开了人世。酒店主人遵照爱玛遗愿,将她葬在韦纳的墓穴旁边,完成了他们生死相随的心愿。

3. 梦中的承诺

法国姑娘塔丽特有一名当警员的未婚夫,名叫佛朗哥斯克林。

1985年4月30日晚上,塔丽特做了一个非常可怕的梦:未婚夫佛朗哥斯克林倒在血泊之中,不远处有很多蒙面持枪的黑衣人……在爱人的葬礼上,她哭得死去活来,决定要与死去的未婚夫举行一场隆重的婚礼,在场的人一致反对。就在这时,总统密特

[神奇的惊天巧合]

朗也来参加佛朗哥斯克林的葬礼，竟然同意了她的要求……

塔丽特被这个可怕的梦惊醒了。她心里感到非常不安，并将这个梦告诉了佛朗哥斯克林，嘱咐他行事小心。佛朗哥斯克林只是微微一笑，并未认真，随口安慰了美丽的未婚妻几句。

一个月后，可怕的梦境竟真的应验了。1985年5月30日，佛朗哥斯克林在追捕一帮匪徒时不幸中弹。当佛朗哥斯克林被送入医院时，警方立即将此事通知了塔丽特。但当塔丽特赶到医院时，她亲爱的未婚夫已经断气了。塔丽特痛不欲生，在出席佛朗哥斯克林的葬礼仪式时，一个想法闪过塔丽特的脑海，她要和心爱的人举行婚礼。

塔丽特想："那些冷血残忍的匪徒虽然夺取了我心上人的生命，但他们却不能夺走一个女人的爱；他们虽然粉碎了我的梦，但却夺不走我的回忆。"于是，她决定要和未婚夫举行婚礼，即使他已不在人世。不出所料，亲朋好友都劝她不要这样做。

塔丽特说："当时有很多人认为我精神不正常，但是我却管不了那么多了。他们不理解，这是一种对爱的承诺。"

塔丽特虽然想嫁，但她的这种做法在法律上却不容许。她到有关部门申请时，第一个答案就是不能和死人结婚。于是她找来律师商讨对策，一位律师建议她向当时的法国总统密特朗直接申请结婚请求。这种婚礼通常只批准给战时怀孕的妇人，但鉴于佛朗哥斯克林是警察且属于因公殉职，塔丽特可以试一试。

申请手续持续了10个月的时间，最后总统被她的真情打动，批准她和已故的未婚夫举行婚礼。在未婚夫死去差不多一年后，塔丽特独自一人步入登记处，登记并宣誓成为佛朗哥斯克林的妻子。

可怕的梦境和甜蜜的爱情，成为这个故事最好的注脚。

亲情秘道

亲情是世界上最伟大、最动人的爱。这种爱是没有国界的，而梦中的亲情跟现实的联系也十分微妙。

1. 母子同梦，逃离厄运

乔治是"二战"时期美国太平洋舰队的一名士兵，他是在珍珠港事件爆发后应征入伍的。一直以来，乔治都在战舰上服役，还参加了珊瑚岛海战，随舰队集体获得战功。随着盟军的节节胜利，美军占领越来越多的海岛，急需派遣大量的士兵驻守，乔治也被派遣到一座海岛上驻防。

热带海岛上的气候让乔治十分不适应，经常得病，病情好不容易才稳定下来。乔治写信告诉了母亲自己所在海岛的情况，还多次在信中表示希望能早点结束战争，回到家人身旁。

乔治的母亲已经步入晚年，对自己唯一的儿子无时无刻不牵挂着，期盼他能早日平安归来。

正所谓日有所思，夜有所梦。一天夜里，乔治母亲做了一个可怕的梦。她梦见儿子所驻扎的海岛附近突然刮起了狂风，儿子的军队为了避免被刮进海里，整体迁移到树林中。当天夜里岛上狂风大作，下起了暴雨，但是劳累一天的乔治还是很快进入梦乡。突然，乔治所住的帐篷旁边的一棵椰子树被风刮断，

[神奇的惊天巧合]

砸在帐篷上，将乔治砸死了。乔治的母亲大声叫喊，想叫醒熟睡中的儿子让他赶快离开帐篷，不停地呼喊让她的嗓子都有些沙哑了。

猛然间，乔治的母亲从梦中醒来，被子都被汗浸湿了，才知道是自己做了一场噩梦。回想起刚才的噩梦，乔治母亲不知所措，只好祈祷上帝保佑儿子能平安归来。

非常巧合的是，远在千里之外的乔治当天夜里确实接到命令搬入树林里居住，原因是这片海域会有风暴。他们进入树林时，看到巨大的椰树，还相互开玩笑说别等到夜里椰子掉下来砸到自己。夜里乔治很快进入梦乡，却突然听到母亲在帐篷外大声呼喊。这让他十分惊奇，难道母亲前来探望他了？于是，他赶紧跑出帐篷寻找母亲，可是四处都没有人影。这时冰凉的雨水惊醒了乔治，原来他做了一个怪异的梦。奇怪的是，他跑出来时根本没有感觉到下雨，难道是他梦游出来的？

正当他要回到帐篷的时候，旁边一棵巨大的椰子树突然被风吹倒，正好砸在帐篷上，不仅将帐篷砸毁，而且还砸断了他的床。也就是说，如果乔治当时不是梦游出去，必然会被椰子树砸死。

乔治感觉这是母亲救了他，于是立即给母亲写了一封信，告诉她发生的一切。母亲在看到他的信后，觉得自己的那个梦真的很灵验。

母亲在梦中救了儿子，这真是太巧合了。心理学家莱因教授在他的著作《心灵秘道》中对这一现象也加以解释过，并提到过这样一个故事，就是梦境提示了人们可能发生的不幸事件，从而让人们避免不幸。

48

一天晚上，一位年轻的妈妈梦见悬在婴儿床上方的大型吊灯架掉落下来，正好把她睡在床上的小宝宝压死了。这一事故发生的时候，摆在衣橱上的时钟正好显示是4点35分。梦里面的窗外，风雨大作，还伴有耀眼的闪电和响亮的雷声。

她立即被自己的这个噩梦惊醒，叫醒了躺在身边的丈夫，把梦中可怕的情景告诉了丈夫。丈夫却笑她操劳过度才会这样疑神疑鬼，说完就又倒头大睡了。

这位年轻的妈妈回想着恐怖的梦境，翻来覆去怎么也睡不着。她披衣来到隔壁婴儿睡觉的房间，看见自己的孩子正安静地熟睡。她轻轻抱起小宝宝，把他带到了自己的房间。她抬头看看窗外，夜空晴朗，明月当空，丝毫没有梦中的恐怖景象。她想可能真的是自己多虑了，于是抱着婴儿又重新入睡了。

大约两个小时之后，隔壁突然传来一声巨响。这一声巨响吵醒了这对年轻的夫妇，他们马上跑到隔壁房间去看。吊灯架正好坠落在婴儿床上，几乎把床都砸坏了。这位年轻的妈妈看了一眼衣橱上的时钟，正好是4点35分。而此时的天空也开始刮风下雨，并很快打起了雷电。就这样，一个噩梦帮助年轻的妈妈避免了一个不幸。

2. 心电感应，噩梦捉凶

柯德亚和莱莉是一对夫妻，可是在结婚三年后，夫妻感情变淡，时有争吵。在一次吵闹中，柯德亚赌气拔出手枪吓唬妻子，不料手枪走火，莱莉当场丧命。

[神奇的惊天巧合]

闯下大祸的柯德亚不知所措，于是将妻子的尸体埋藏在储藏室里，并交代邻居们说要带妻子到外地去定居，因为妻子厌倦了这里的生活。

储藏室平日很少使用，又堆放着零乱的杂物，不会引起别人的注意。柯德亚在离开农村后，前往怀德岛，偶尔会寄家书回去，表示他和莱莉正享受着美满的生活。

一段时间后的一个晚上，莱莉的母亲摩汀夫人做了一个梦：她看到女儿中枪倒地，鲜血溅满一地，接着又眼见凶手背对自己在那儿挖掘坟墓，把莱莉扔到里面，又用土遮盖，并将附近的血迹清洗一空。摩汀夫人清楚地记得，凶案现场是女婿家的红色储藏室。

梦境十分血腥恐怖，摩汀夫人很快就被惊醒了。她赶紧唤醒身边的丈夫，告诉他这个可怕的梦。

丈夫认为她在胡思乱想，于是就说道："哎呀！亲爱的太太，你太想女儿啦！"然而这个可怕的梦接连三天缠绕着摩汀夫人，她开始担心、恐惧，生怕自己的女儿遭遇不测。幸好柯德亚的家书到了，解除了摩汀夫人的疑惧。

时间一天天过去，梦境也未再出现，摩汀夫人也认为是自己太思念女儿了才做这样的梦，如今女婿偶有家书，都提到女儿过得很好，她开始对噩梦不再那么在意了。

然而有一天，她经过那间红色储藏室时，又想起了那个可怕的梦，并有一种强烈的不祥的感觉。

她要求丈夫采取行动，并说："也许咱们的女儿早就被柯德亚害死了，你看那些来信中，从来没有女儿的笔迹，难道这不值得怀疑吗？"这是1828年3月，离莱莉死亡已有10个月之久。

这位父亲无法根据妻子的梦境来控告别人，但又耐不住妻子的再三恳求，终于在4月的一天，征得男方家人的同意，会同前来搜查的警察，一起来到这间储藏室。

摩汀夫人虽然对这里并不熟悉，却一下子指出了女儿尸体的地点。警长下令搬开杂物进行挖掘，首先挖到莱莉的披肩，接着从46厘米深的地下挖出了尸体。凭着衣物、牙齿以及死者佩戴的零星饰品，证实了尸体就是莱莉。

警长立即着手抓人，将柯德亚逮捕归案。尽管柯德亚一再否认自己是凶手，但现场留下的凶器等证物显示，他确实是谋杀者，最后柯德亚被法庭宣判绞刑。

3. 黑衣绅士前来报丧

珍妮与她的舅舅住在一起，舅甥两人感情很好，就像父女一样。有一天，珍妮梦见她坐在舅舅的客厅里，那是一个晴朗的日子，花园里盛开着各种美丽的鲜花，然而在花的上面却覆盖着一层薄薄的雪。她发现舅舅穿着一件朴素的黑衣服，死在了离家5千米外的骑马路路旁，他的马则站在他的身边。他的尸体由一辆用两匹马拉的马车运回，马车上垫着干草。她在家等

[神奇的惊天巧合]

着载尸体的马车的到来,两个她认识的男人用尽全身力气才把尸体抬到楼上。因为舅舅身材魁梧,在搬运时,尸体的左手垂了下来,上楼时手臂与栏杆撞了一下。这个情景使她感到莫名的恐惧,她立刻从梦中惊醒了过来。

第二天早上,她将梦里的情景原原本本地告诉了舅舅,并恳求他答应以后绝不要在那个特殊的路上单独骑马。舅舅虽颇不以为然,但也不忍心拒绝,于是答应她不去那条路。

此梦的记忆逐渐模糊。两年后,同样的梦境又清晰地重复了一遍。珍妮猜到舅舅一定去了那条路,责备舅舅不守信用,舅舅承认偶尔单独在那条路上骑马,并承诺以后不去那里了。

又过了四年,珍妮因结婚离开舅舅迁居伦敦。有一天,她又做了同一个梦。唯一不同的是,这次不是在舅舅的客厅,而是在她伦敦的卧室里:一位身着黑衣的绅士前来报丧,她没有办法看清他的面容。那人站在她的床边告诉她,她的舅舅已经死了。她在极端痛苦中苏醒过来,第二天便身患重疾,卧病在床。几天后,医生允许她给舅舅写封短信,但她没有收到舅舅的回信。

珍妮痊愈后,依然没有收到舅舅的回信,对此她感到非常奇怪。直到有一天早上,她的继父来找她。他走进房间,站在她的床边,全身穿着黑色的丧服。一见如此,珍妮大惊失色,忍不住叫了起来:"别说了!一定是舅舅死了。当中的细节我已经十分清楚,因为我已几次做这样的梦了。"

其后的调查显示,此梦的任何细节都完全应验,包括左手撞栏杆一事,搬尸体上楼的也是梦中出现的那两个男人。

预兆之梦

有一个10岁的小女孩经常做些奇怪的梦，于是她把这些梦详细地记在一个小本子上，在圣诞节的时候，作为礼物送给她从事精神病学研究的父亲。她父亲曾试图从这些梦的前后联系来解释这些梦，但他失败了。

于是，女孩的父亲带着这个小本子去拜访著名的心理学家荣格，恳请荣格帮助他解释这些奇怪的梦。

荣格是瑞士著名的心理学家、精神分析学家，是现代心理学的鼻祖之一。荣格对梦的研究十分深入，他解释过数以万计的梦，对梦有极为深刻的理解。荣格认为，梦的基本目的不是经过伪装满足欲望，而是恢复心理平衡。梦的另外一个特征就是它的遗传性，他认为人类世世代代经历的事件和情感，会在心灵上留下痕迹，而这痕迹更是可以通过遗传传递给下一代。这就是所谓的遗传积淀。

当荣格见到那个10岁小女孩写下的梦境时，着实吓了一跳。这些被记录下来的梦境非常奇怪，例如：一只仿佛是蛇但却有许多角的怪物，杀死并吞噬了所有其他的动物，但上帝出现了，并使所有死去的动物获得再生；一群小动物恐吓小女孩，那些动物逐渐变得巨大，最后吞噬了小女孩；许多人在蚂蚁堆上打滚，受到蚂蚁的进攻；小女孩惊慌失措，掉进了河里；有个闪光的球，她碰它，它便冒蒸气，最后球里出来一个人把她杀了；

[神奇的惊天巧合]

月亮上有一片沙漠，小女孩陷进去很深很深，一直到地狱；小女孩梦见自己患了重病，但突然从她的肚子里飞出一些鸟，把她给盖住了；大批昆虫遮住了太阳、月亮和星星，唯一一个没有被遮盖的星星落到了她身上……

荣格十分奇怪：一个10岁小女孩的梦竟然包含了死亡、生命、上帝这么复杂的主题。他依据自己的理论，认为她之所以能意识到这些，是因为世世代代祖先的思考已通过特殊的方式遗传给了她。她想到这些，是因为她正面临这个问题，她可能就要死了。荣格回忆说："确实，当我第一次读到这些梦的记录时，它们那种迫在眉睫的灾难感的暗示令我吃惊……这些梦展现了生与死之间的鲜明而可怕的场面。我们大多数人只是在青春期之后回顾过去时，才能获得这样的信息汇聚。正常情况下，应该向前看的孩子的脑海中是极少出现这些意象的。"

不幸的是，这个小女孩在过完那年的圣诞节之后的一年，就得传染病去世了。小女孩的死似乎印证了梦兆。

或许，梦就是来自无意识的警告，因为未来将要发生的事情往往很早便在我们的无意识中酝酿。无意识往往会告诉我们，并常常以梦的形式向我们发出信号。这些信号，我们怎么接收并意识到呢？

1. 最后，他倒下了

1947年，休格·雷·鲁滨孙参加了一次中量级拳击锦标赛，对手是吉米·多伊尔。

比赛前一晚，鲁滨孙做了一个可怕的梦，他后来在自传中忆述那个梦时写道："多伊尔和我在拳击场里比赛，有好几次我出重拳击中了他，最后他倒下了。他睁大眼睛，面无表情地瞪着我，我也看着他，不知怎么办才好。这时裁判员进行10秒钟计时，但是数到10，多伊尔还是躺在地上一动不动，我听见人群中有人叫道：'他死了，他死了。'"

鲁滨孙因这个梦而感到困惑，他告诉教练员乔治·盖恩福德和比赛主办人拉里·阿特金斯说自己不想出赛，并把自己的梦告诉了他们，两人都说他荒谬可笑。阿特金斯说："别说笑了，梦就是梦，怎么可能成为现实呢！如果梦境也会成为现实，那我现在早就发财了。"鲁滨孙还是拒绝出赛，最后在教练的极力劝说下，他才勉强上场。

这是一场卫冕战。那天晚上，鲁滨孙在和多伊尔激战了七个回合后，才找出对手的破绽。于是在第八回合，他用两记右手拳击中多伊尔的腹部和头部，把多伊尔打得晕头转向，然后一记左钩拳击中多伊尔的下颌，把多伊尔击倒在地。鲁滨孙站在旁边看着他，就像做梦时那样。裁判员数到第四下，多伊尔伸出颤抖的手却无法摸到围绳，随即就躺在那儿一动也不动了。第二天下午，多伊尔就去世了。

梦境中的胜利和现实的胜利带给鲁滨孙的并非是快乐，而是一丝萦绕不去的沉重。

[神奇的惊天巧合]

2. 高达5万英镑的生命保险

1979年的一个晚上，西班牙人卡斯塔尔做了一个奇怪的梦，在梦中他听见一个恐怖的声音在不停地朝他喊："三个月后出生的孩子，肯定是见不到你了。"卡斯塔尔当即被吓醒，之后就怎么也睡不着了。

第二天，他一直在想这个梦。此时卡斯塔尔的妻子已经怀有六个月的身孕了，这不禁让他倒吸一口冷气。他断定自己的死期就要到了，因为梦中那个恐怖的声音不停地在他的脑中徘徊。三个月后，卡斯塔尔的妻子即将临盆，那么新生的婴儿看不到的父亲正是自己。于是，卡斯塔尔立即赶到保险公司，给自己投下了高达5万英镑的生命保险。

当卡斯塔尔把这个奇怪的梦告诉妻子的时候，妻子安慰他说："亲爱的，不要胡思乱想了，你可能是太累了，好好休息一下吧。"卡斯塔尔将妻子温柔地抱在怀里，他怕自己一旦死去，就再也见不到亲爱的妻子了。

几个星期以后，悲剧发生了。那天，卡斯塔尔工作比较忙，所以很晚才下班。为了早点赶回家，他驾车以时速80公里的速度行驶。途中，对面车道驶来一辆时速160公里的汽车撞上护栏，又在空中翻了几个跟斗，恰好落在卡斯塔尔的车上，卡斯塔尔与那名司机当场死亡。

噩耗传来，卡斯塔尔的妻子悲痛欲绝："原来他梦中的预言真的发生了，怎么会这么巧。上帝为什么对我如此不公。"保险公司向卡斯塔尔的妻子支付了巨额保险金后说："通常，投了这样的保险之后不久就死亡，这是非常可疑的，公司应该进行全面的调查。但是你丈夫这次发生的事故，是没有任何疑问的。因为只要差几分之一秒，他就不会被砸中。"

卡斯塔尔对梦境并未置之一笑，而是忧心准备。虽然有五万英镑的赔偿金，但是没有人能够体会卡斯塔尔妻子的悲痛。更让人无限惋惜的是，卡斯塔尔未曾一见的孩子还未出生，就永远失去了父亲。

3. 还能再上一位

美国有一位名叫罗兹·德苏的小姐。她因具有神奇的预感能力，多次死里逃生而被美国人熟知，甚至还被当作电影《死神来了》中女主角的原型。

罗兹·德苏小姐19岁那年去了一趟芝加哥，途中她拜访了一位农村朋友，她的朋友居住在距芝加哥30公里左右的地方。她在那里住了一个晚上，在幽静的环境里，罗兹很快就进入了梦乡。当天晚上，她做了一个奇怪的梦，梦见一辆黑色的灵车经过，赶车的男人对她说："还能坐一位呢！"

这个梦让她心神不宁。第二天，她离开朋友家，到芝加哥一家大商场买东西。当罗兹到商场的最顶层购物结束时，很想坐电梯下去。但是电梯里挤满了人，所以她有些犹豫，电梯服务员热情地对她说："还能坐一位呢！"

"啊！"她心里顿时一惊，这与昨夜梦里那个男人的话怎么

[神奇的惊天巧合]

一模一样？罗兹预感到有些不对，就说："谢谢，我还是走下去吧。"

当她向楼梯口台阶走去的时候，忽听"咣当"一声巨响，电梯不知什么原因，突然坠落下去，仅仅几秒就坠落到了底层的地面上，电梯里面所有的乘客都遇难了。

22岁时，罗兹成为芝加哥一家报馆的记者。凭借正义感与年轻人的勇敢精神，她在一篇文章中披露了一个黑社会内幕，引起了黑社会组织头子的震怒。黑社会组织扬言要杀死她，并花重金收买了一名杀手，准备谋杀罗兹。

虽然罗兹的安全受到了当地警察局布置周密的保护，但她几天来却一直在做一个内容相同的梦：她走进一栋有扇大铁门的楼房，然后沿着长长的通道，曲里拐弯地向前走。最后她走进一间大房间，屋里空荡荡的，只坐着一个彪形大汉。他两眼冒着凶光，朝罗兹狰狞狂笑，他的眼角上有几条明显的刀疤，在狂笑中不断抖动着。每当梦到这里，罗兹便被惊醒。

这个噩梦困扰得罗兹一直没有睡好，结合以前发生的事情，罗兹断定这又是一次灾祸的暗示。罗兹在连续多次遇到类似的事件后，开始越来越相信自己奇特的预感了。她似乎感到了一种隐隐约约的暗示，于是找到了警察局，将自己的噩梦讲给警长听，要求警长立即带人去抓那个眼角上有刀疤的彪形大汉。但警长听了之后只是一笑了之，认为这只不过是罗兹受到惊吓后的臆想罢了。

但罗兹生性倔强，一再坚持要求警长陪同她去寻找这名男子。无奈的警察在芝加哥这个偌大的城市搜寻了好几天，但毫无结果。正当罗兹感到无望时，突然看见远处的一幢楼房，

"就是这座楼房！"罗兹一眼就认出了这就是在梦中反复出现过的那栋楼房。

警长带着几名全副武装的警察，将信将疑地随着罗兹走进这栋楼房。果真如罗兹小姐梦中所见的那样，里面是曲里拐弯的长廊通道，通道的尽头有一间房子。警察持枪冲进房间里，抓获了一个眼角有道明显刀疤的彪形大汉。

经审问得知，这个来历不明的彪形大汉就是那个被黑社会组织重金收买的杀手。事情传出后，罗兹声名远扬。最后，她在和平与宁静中度过了自己的一生。

罗兹凭借自己的超能力一次又一次挽救了自己的性命，这不能说不是梦境的奇妙帮助。也许很多人都曾经有过罗兹那样对于不安的预感，但是由于种种原因无法给予它足够的重视，于是，它也就无法发挥效力了。

4. 美国新闻界噩梦成真

1883年8月28日晚上，美国《波士顿环球报》新闻编辑爱德华·萨姆逊工作得有些疲惫，便躺到办公室的沙发上休息，疲惫不已的他不一会儿就睡着了。次日凌晨3点刚过，他突然从一场噩梦中惊醒，一身冷汗但已清醒的他回想起梦境中的凄惨景象仍然心有余悸。他回到桌子上继续工作，但脑海不断呈现出梦里的景象。于是，他随手拿起笔索性把梦中的情景原原本本地写了下来。

他写道，在离爪哇不远的地方，有个叫作帕拉普的小岛。

[神奇的惊天巧合]

他看到一群群的土著人为了逃避那紧跟在他们后面流淌而来的火山熔岩，都争抢着冲向大海。炙热的岩浆烧灼着大地和海面，景象十分凄惨。他还依照梦境详细描述了海上的狂风巨浪是如何颠覆所有船只，海水和高温是怎样将那些土著人无情地吞噬。直到最后，一声巨响，火山整个爆炸了，小岛沉入海中，仅留下一个还在喷着火焰的火山口。

他写完后，鬼使神差地在稿子首页左上方标上"重要新闻"字样，然后离开办公室回家去了。

第二天一早，主编在办公桌上看到这篇稿子，以为是萨姆逊头天晚上从无线电广播里抄录的新闻消息，就赶紧把它编入当日的头号新闻，并加上横幅大标题。其他报馆得知消息后纷纷前来联系，询问详细情况。主编还用电报将稿件内容发往纽约，由美联社无线电讯转发，当即就有好几十家主要报纸以头版进行转载。

这则灾难事故的新闻报道在当时引起了社会的广泛关注，普通读者接连多日要求报馆提供更多的材料和消息，此时的环球报对外只好推称灾难发生地点遥远，暂时尚未沟通联系，而在内部新闻主编则一再要求萨姆逊设法弄到更多的消息。

萨姆逊全然未曾料到一则梦境实录竟会被当作新闻报道，职业的敏感告诉他，如果再不澄清事实，事情将会愈发不可收拾。经过一番深思熟虑，萨姆逊找到《波士顿环球报》的发行经理，向他说出了实情，并一再解释他并不是有意要欺骗大家。发行经理听罢大怒，立即将萨姆逊赶出了报社。

萨姆逊虽然被开除了，但是报馆面临的困境仍然无法摆脱。《波士顿环球报》已经无路可走，于是决定向世人公布真相，并且做好了充当整个美国新闻界的笑柄的准备。

谁知这个时候奇迹出现了：罕见的巨浪汹涌着扑向美国的西海岸；马来西亚及印度一带汹涌的浪涛将成千上万个村庄吞没；澳大利亚也传来消息说北部地区听到了天空雷声轰鸣般的巨大声响。

这一系列的事故转移了人们的注意力，各报也把新闻的着重点置于采集报道各地的天灾情况方面，《波士顿环球报》也就将"骗局"检讨材料暂时扣了下来。没过多久，一些船只颠簸着驶进印度洋的一些港口，带来消息说，克拉克吐阿火山爆发了。

记者们收集了各方面的消息，得知这座沉睡了200年的火山在1883年8月27日（萨姆逊做梦的前日）开始活动并且于次日爆炸成碎片。这座9平方公里的小岛被整个炸上了天，堆堆岩石在烟火中被崩得到处乱飞，高度竟达17英里。同时，海面上堆积起了厚厚的浮石层，达5英尺高。灼热的熔岩流入海中，激起72英尺高的浪涛。这些惊人的数字表明这是一场空前的灾难。

然而更令人惊奇的是，克拉克吐阿岛即为帕拉拉普岛。"帕拉拉普"是当地土著人对它的称呼，而这个旧名称早在150年前就已废止了。

萨姆逊很快就被《波士顿环球报》请了回去，并且在随后的报道中，将他的照片刊登在头版，称他为世界新闻的"快手"。

萨姆逊的梦境逐一被事实所验证，难道这一切都是巧合吗？

一场梦境与现实齐发的灾祸，让人再次对梦境这一奇妙的世界产生了浓厚的兴趣。事实上，这样巧合的梦境并非只发生在萨姆逊身上。

[神奇的惊天巧合]

英国早期飞行员兼航空工程师邓恩为人严肃，是一个自称做过许多预兆之梦的人。在波尔战争时期，邓恩随部队驻扎南非。一天晚上，他做了一个离奇古怪的梦，醒来后他将故事写进一本书里。梦中邓恩看见自己站在一个山头上，眼看一座火山即将爆发，水汽从四周的地上冒出来，他心里感到非常害怕。然后邓恩又看见自己在附近一个岛上，哀求那里的法国官员派船去拯救大约4000个遇险者。正当他还在苦苦哀求的时候，他醒来了。

没过多久，运到邓恩营地的最新英国报纸报道了一宗灾难，情形和他梦中的情景十分相似。《每日电讯报》的大标题是"马丁尼克岛火山爆发"，内文报道这次在法属西印度群岛的火山爆发，导致4万人丧生，遇害人数是邓恩梦中看见的10倍，生还者被当局派去的救援队救走。

几乎所有读过邓恩作品的人，都觉得他的资料翔实可靠，不存在虚假问题。他在作品中还提到几件类似的事。有一个晚上，他梦见自己在苏丹喀土穆附近，看见三个英国人，他们衣衫褴褛，声称从非洲南端一直步行而来。第二天早上，他在《每日电讯报》上看到了一则消息，说英国一支计划从好望角徒步到开罗的探险远征队抵达喀土穆。而邓恩事前对此全不知情。

在另一个破晓之前做的梦里，邓恩看见一列火车在苏格兰弗夫桥附近出轨，坠下路基。几个月以后，邓恩的这个梦得以应验，当时一列名叫"飞行苏格兰人"号的著名火车发生意外，出轨坠下路基。

1996年10月21日上午9点15分，英国发生了一场有史以来最严重的灾难。威尔斯的一个大矿山突然崩塌，煤堆从山上滑落，掩埋了亚伯芬的一个小村庄，造成144人死亡，其中最惨的是煤堆活埋了128名当地小学生。这场突如其来的浩劫，虽无人能事先预报，却曾出现在人们的梦里。

一位在灾难中丧生的10岁大的小女孩在灾难前两星期的一天早晨，突然对母亲说："妈妈，我不怕死。"对于女儿的这句话，母亲感到非常诧异："你这么小，怎么会想到死呢？你以后的生活会越来越好的。不要再瞎想了，我去给你买糖。"

"我不要糖，"小女孩说，"我会与彼得和琼恩在一起。"

灾难降临的前一天，她又对母亲说："我昨晚做了一个梦。"母亲说："宝贝，我现在很忙，待会我再听你讲你的梦。"小女孩说："不，妈妈，你一定要现在听我讲。我梦见我到学校去，但却找不到自己的学校，后来才发现是黑黑的东西把它盖住了。"

第二天，她像往常一样高高兴兴地到学校去，没过多久就发生了惨剧。在煤堆里，她的尸首一边躺着彼得，另一边躺着琼恩。

一位47岁的太太，也有着同样奇妙的经历。在矿灾发生的前一天，她先梦见山谷里一所古老的学校建筑，然后是大堆的煤块沿着山坡滑滚而下。山谷下有一个留着长发的男孩，脸上露出面对死亡的恐惧。而后小男孩被一位戴着尖帽的人救了。

第二天，这位太太将她的梦告诉了她的亲朋好友。灾难发生后，新闻记者报道了这次灾情，人们在电视上真的看见了戴着尖帽的人和他救出的那个留着长发的小男孩。而这与那位太太梦中的情况完全一样！

这些梦境与现实的诡异巧合，让人怀疑是否人类真的有奇异的能力，能在梦境中旅行到未来，见到未来发生的事情。

[神奇的惊天巧合]

5. 一梦坐牢40年

被冤枉几乎是每个人都不想碰到的事情,可是,人难免被冤枉。窦娥历来是文学作品中冤屈的代表,然而,在现实生活中或许有比窦娥还要冤的人,美国人斯特文可能就是其中一个。

斯特文是美国芝加哥的一名普通工人,一年前,他跟新婚妻子洛伊斯买下了现在居住的这套房子。因为刚刚搬来,对邻居不是很了解,所以他们跟邻里很少交往。一天夜里,早早睡下的斯特文做了一个奇怪的梦,他梦见一个漂亮的女子被一个男子打死,并且在死后还被强暴了。梦到这一幕的斯特文大叫起来,洛伊斯被他的叫声惊醒,赶紧叫醒丈夫,询问他发生了什么事情。满头大汗的斯特文把梦境描述了一番,洛伊斯认为这没什么大不了的,只是他做的一个噩梦而已。

巧合的是,第二天,斯特文邻居家的女孩真的被人打死了,死后还遭到了强暴。警察为了早点破案,走访了女孩家所有的邻居,包括斯特文家,并详细询问了他们的情况,并要求他们协助破案。为此,警察告诉了他们许多案发现场的情况,斯特文惊奇地发现,他梦中的许多景象跟警察描述的非常接近,甚至连暴徒用的作案工具都是一致的。当斯特文看到邻居女孩生前的照片后,更加难以置信,因为他梦到的那名受害者就是照片上的人。可是,之前斯特文从未见过她,即使他们两家只相隔了几十米远。

于是,斯特文将自己的梦告诉警察。在详细描述了他的梦境后，警察觉得十分意外，人的梦境竟然与现实如此巧合。后来，警察又问斯特文认为罪犯是否会有内疚感、是否会去自首等问题。这让斯特文感到莫名其妙，他告诉警察否定的答复。此时，警察已经开始怀疑他了，可是他还沉浸在怀疑梦境的真实性面前。

几天后，警察逮捕了斯特文，这让他觉得十分惊讶也十分委屈。法院正式审理斯特文的案件时，斯特文甚至没有找律师，他认为法院一定会判他无罪，因为他根本不是凶手，而且还主动帮助警察。可是，法院当庭播放了斯特文与警察谈话的录音，所有的陪审员和法官都认为他并不是在描述梦境，而是在交代作案细节。因为他讲的实在是太像杀人凶手了，一些作案的细节是经过警察精心推测才得出的结论，而斯特文竟然完全知晓。

法官和陪审员认为斯特文是凶手，他们根本不相信斯特文的辩白，更不相信做梦能准确到这些细节。于是，斯特文被判处40年监禁。

但是，斯特文坚信自己没有犯罪。于是，他不停地申诉，坚信只要坚持下去一定会得到合理公正的判决。他的执着坚持最终引起了当地一名记者的关注。这名记者在深入调查后发现，法院宣判的证据不足，尤其是对现场物证的调查不足。这名记者查到当时法院法医对受害者身上的残留毛发和精液的鉴定，表明罪犯肯定不是斯特文。于是，根据记者重新找到的证据，洛伊斯代替斯特文再次申诉，终于引起法院的重视。

法院在重新审理时，吸取了上次审判只依靠证词的教训，而是将重点转移到人证、物证上，排除了斯特文作案的可能。最终，法庭改判斯特文无罪，案情到这里并未结束。后来，警

[神奇的惊天巧合]

察在一次案件侦破中,无意发现了一个疑犯,在抽血检查的过程中发现,这个人才是杀害斯特文邻居女孩的凶手。

斯特文是被冤枉的,而且这个冤枉来自他的梦境。如果他当天不是梦到那些奇怪的事情,或许根本就没有这么多的麻烦。可是,这种梦境与现实相符的事情,谁又能预料得到呢?

梦的启迪

梦不仅能够预示未来、产生令人惊异的巧合,也会对人们产生特殊的启迪作用,从而引发许多重大的科学发现。

"原子蛇"咬住了自己的尾巴

德国化学家凯库勒为了找出苯分子的结构式,耗费了相当长的时间和精力,但是仍然没有任何发现,凯库勒为此一筹莫展。

1854年,凯库勒作为讲师被派往伦敦讲学。一天晚上,他去朋友家玩,回来时坐在末班双层蒸汽公共汽车的上层。由于劳累了一天,他一坐上座位就睡着了。忽然,平时"形影不离"的原子在凯库勒眼前跳跃起来,渐渐地,大原子聚集起来连成一条链,一端附着小原子。这时候,乘务员的报站声惊醒了凯库勒。虽然这只是一场梦,但是一个清晰的想法已经在凯库勒的脑海里形成：碳氢化合物的结构是碳原子互相结合，形成一个长链，而氢原子附在长链上面，这种碳氢化合物被称为链式化合物；但是，链式化合物的理论，无法解释由6个碳原子和6个氢原子组成的苯的结构，所以，苯分子结构式的难题依然悬而未决。

两年后的一天晚上，凯库勒坐在家中，一边编写教材，一边琢磨着怎样在教科书中写明这个未解之谜。想着想着，凯库勒突然看见原子又在眼前跳起舞来：开始，原子排成蛇的形状，在火焰里跳跃，一会儿弯曲，一会儿翻卷；突然，这条原子蛇咬住了自己的尾巴，形成一个圆圈，不停地旋转起来。这种奇怪的"蛇舞"，让凯库勒十分惊恐，他大喊了一声，突然惊醒过来。原来，他又做了一个梦。

"这个奇怪的蛇究竟意味着什么呢？"醒来后的凯库勒想了一夜，终于想出一个用六边形环状结构表示苯分子结构的式子。这个结构式满足了苯结构的对称要求，并奠定了芳香烃的化学基础。从此，有机化学有了描绘有机分子结构蓝图的可能，化学家们不必再凭着天真的臆想和纯粹的推测来制备有机化合物，走上了先测定分子结构，再人工合成化合物的预知方向和预知结构的道路，一步步登上了分子结构研究的高峰。

链接：解梦DIY

梦是什么？梦有意义吗？最早的时候，科学家否认梦境有任何的含义。当时科学对梦境做出的解释是：梦是大脑神经细胞无规律的活动。这就是说，做梦只是大脑在涂鸦而已，没有什么特殊的意义。

不过，后来弗洛伊德推翻了这种说法。他认为，梦境其实和人类的潜意识有关，而透过心理学便可以解读梦境，知道梦境隐藏的真实含义。但要如何解读梦境呢？

● 梦境的情绪分析

一般说来，可以依据梦境里的情绪，将梦境分为以下四类：

（1）恐惧的情绪：也就是说，你做了噩梦。会做噩梦通常意味着你无法处理生活中所遭遇的难题。

（2）挫折的情绪：梦醒后觉得失落或愤怒，代表你生活中缺乏满足感或成就感。

（3）喜悦的情绪：也就是说，你做了一场好梦，通常表示你对生活的现状很满意，而且也象征着幸福即将到来。

（4）疏离的情绪：你对梦境中所发生的事、物保持客观的立场，而且你的梦境像是蒙太奇的电影断断续续、跳来跳去。那可能是你看见了许多变化与异常，但你都不是主角，可能也对这些事情不感兴趣。

● 梦境辞典参考范例

以下是特别整理出来的梦境象征意义，仅供参考。别忘了解梦时要加入自己的想法，因为只有自己最清楚自己近来都发生了些什么。

（1）飞机

可能的象征意义：抗拒自然法则，即将远行。

解读：解析"飞机"，就要加入梦中的情绪了。如果是噩梦，可能意味着最近的生活有些脱轨，或者代表你害怕旅行。如果是美梦，可能代表你最近生活圆满，或者是即将有旅行的机会。

(2) 婴儿

可能的象征意义：喜悦、成长、承诺。

解读：梦见婴儿，可能代表你心中对于未来的计划或是理想正在萌芽。这或许也提醒你，现实生活中，你是否高估或者低估现在进行的计划或理想。有时候梦见的婴儿是有面孔的，或者梦到你的某个朋友变成婴儿被你抱在怀中，这个时候婴儿的反应可能是你个性的某一部分。

(3) 死亡

可能的象征意义：转变、更新。

解读：梦到死亡时，先别害怕！这并非意味着即将大难临头，多半是借由对死亡的感觉来提醒你一些事情。死亡通常表示结束和逝去，也代表形式上的转变，隐喻转变或重生，从一个阶段步入下一个阶段。

在梦中死亡的可能是你，也可能是别人。如果是你，表示你正面临转变的时机；如果是别人，弄清你对这个人的感觉，这会让你更清楚到底逝去的是什么。有时候，逝去的是我们内在的某一部分的特质。

(4) 牙医

可能象征的意义：痛苦或痛苦的接触。

解读：乐观者认为，牙医象征生活中将出现一些变革而使你有所收获，牙医也代表着权威与安全感。如果梦中的牙医是你生活中所熟悉的人，也许代表你希望求助于他，或者他身上的特质刚好弥补你缺乏的部分。

(5) 火

可能象征的意义：洗涤、热情、创造力。

解读：火在西方的占星学或者是一般的解读里，都被视为热情或者欲望的象征。所以，你梦到在火炉边烤火，那么可以问问自己，是什么引发了你的欲望？如果你梦见火灾，则可能是过于压抑自己的热情了。

(6) 冰

可能的象征意义：冷漠、距离、转变。

解读：想想你最近的人际关系上是否出现了问题？梦见"冰""冰山"或相关的事物，代表着你缺乏温馨的感受。由于"冰"是由水转化而来的，所以你也该采取一些措施改善现状。

(7) 裸体

可能的象征意义：自然、不受拘束、秘密被揭穿。

解读：梦见裸体，多少带一点"性"的暗示。想想梦中的裸体人是你吗？如果是，你是很愉悦还是很紧张？若很愉悦，表示你可能找到了一个对象，或者你希望找的那个人其实已经出现在你的身边，他能给你带来安全感，而你也想和他有更进一步的关系；若你很紧张，则表示你心里藏有秘密，害怕被揭穿。

(8) 昆虫

可能的象征意义：麻烦、骄傲、改造。

解读：梦见昆虫，表示你可能在生活中遇到了麻烦事，或是有人对你造成了困扰，也有可能是你想要寻求更多样化的生活方式。

千奇百怪的中奖概率

彩票中奖对很多人来说是遥不可及的事情。很多资深彩民守号多年依旧无果，却依然执着地坚守自己的彩票梦，有一种"他人笑我太疯癫，我笑他人看不穿"的精神。

正所谓"运气来了挡也挡不住"，看看下面这些离奇中奖的巧合，至少可以给坚守的人一线阳光。也许，下一个巧合就是你。

1. 读错号码中500万

一个"巧"字圆了廖先生500万元的彩票大奖梦。中奖至今，廖先生还没有缓过神来。这一切就像是命中注定，廖先生在电话投注时，一时大意竟把体彩号码和福彩号码调换过来了，没想到，这一错竟然给他带来了500万的巨奖。

2008年8月18日，广东的彩民廖先生和往常一样来到投注站，可他在打电话时竟念错了号码，向投注站电话投注时把福彩与体彩的号码给调换了。这让廖先生很是郁闷，可也没有办法，电话已经打了，彩票也已经买了。

到了晚上，廖先生来到投注站拿彩票，就在廖先生正打算离开时，站主想起来已经收到了当晚的开奖公告，顺便就叫住了廖先生，要和他一起对奖。他们拿着第555期南粤风采"36选

[神奇的惊天巧合]

7"的开奖信息,一个数一个数地对。当他俩看完彩票上的数字时,不由得大吃一惊,谁都不敢相信自己的眼睛。在反复核对后,廖先生这才确认自己中奖了,自己错投的彩票号和中奖号码竟然一模一样。这个大奖来得如此意外,价值500万元的大奖就这样在自己的手里了!

廖先生家在山区,手里拿着这500万的彩票却不知道该怎么去兑奖,只好等外出打工、见过世面的弟弟回家,让他陪着自己到广州去办理兑奖的相关手续。8月25日下午,500万大奖得主廖先生在弟弟的陪同下来到广东省福彩中心兑奖。

兑奖时,廖先生难掩一脸兴奋:"真是运气来了,挡也挡不住!"两年来都没有机会中奖,没想到一次意外的"错误"巧合,竟圆了他的大奖梦。这可真是巧啊!

2. 误打误撞出了两个500万

2004年的12月1日和12月2日,四川泸州的一个投注站竟然接连出了两个500万大奖,简直不可思议。随着"双色球"第2004108期两个500万大奖得主分别亮相福彩中心,这两张500万中奖彩票的来龙去脉才真相大白。原来竟是误打误撞才出了两个500万。

据12月1日来到福彩中心领奖的陈先生说,他买彩票的时候,站点的销售人员问:"我手中正好有一张别人打出的彩票,你看你要不要?"陈先生也一贯喜欢"捡懒",就随口答应说:"行,那就给我吧。"于是,陈先生就没有再打彩票,而是直接从销售人员手里买下了这张旧彩票。可让他没想到的是，别人不要的彩票竟然中奖了，而且还是500万的大奖。陈先生自己说，他一直坚持买彩票，可是一直没有中过什么大奖。不过，自己有预感：总有一天会中奖。这次意外的500万大奖惊喜，让陈先生再一次坚信了自己的感觉。

另外一位中奖者王师傅说，当初他原本是拿着自己精心选好的几注号码来投注的，但是当销售人员打出了一张包含5注号码的彩票后，他发现其中的一注号码输入错了，于是就要求销售人员重新打票。销售人员也没有说什么，就给他重新打了。可是，谁又知道，这期的500万大奖就同时隐藏在这前后两张彩票中。另外，他还告诉记者，错打的那注号码也没有影响到500万的产生，这使得王师傅自己也觉得很意外。

陈先生和王师傅在同一个福彩销售站点买走了两张彩票，打印时间仅相差8秒，竟然都不可思议地得了500万大奖！

3. 稀里糊涂中了44万

海南的林小姐在买彩票时精心选了一组号码，可工作人员在打彩票时不慎打错了一个数字，于是又重新打过。等开奖结果公布后，林小姐才发现自己中奖了，而且当初错打的那组号码竟然也中了奖。

2004年5月13日，"双色球"第04037期开奖结果公布，中奖号码为：03、04、11、17、20、26+05。当期的全国一等奖中出1注，单注奖金500万元；二等奖中出36注，单注奖金44万元。

[神奇的惊天巧合]

其实，中出2注二等奖本来没有什么值得惊讶的，可这次不同。因为这2注二等奖中出的号码都是出自一个人，中奖人却是两个。

这次中奖的全过程充满了曲折。

2004年5月14日上午10时左右，林小姐在家人的陪同下来到省福彩中心兑奖。林小姐约20出头，是刚刚毕业的大学生，才工作不久，以前是很少买彩票的。最近这段时间，在喜欢"双色球"的姐姐的影响下，林小姐也逐渐摆弄起了"彩经"，研究起彩票来。本来在"五一"期间，林小姐就自己"算"出了一组号码，打算小试牛刀，但是由于外出旅游忘记买了。哪知等开奖结果出来时，林小姐发现自己竟然中了5个红球，虽然错失了200元的小奖，但她也没觉得遗憾，反而坚定了自己的信心，准备大展身手。于是，在接下来的这一期里她又"算"出一组号码，于13日中午来到了投注站打彩票。

据林小姐回忆说，当时那个投注站打彩票的人很多，排的队已经很长了。等了好一会儿才轮到林小姐。可能是因为老板忙中出错，竟然把她的一组自选号码中的一个数字给打错了。林小姐走出站点门口时发现了，就立刻回到了售票机前要求老板重新打过。老板也还不错，就给她重新打了票。之后，老板就又问她："之前那张错打的彩票还要不要？"林小姐相信自己的直觉，没要就离开了。

等到晚上开奖结果出来之后，林小姐发现，恰恰是那张打了两次的票中了二等奖！且报上说当期海南中出的两注二等奖出自同一站点，两张票的出票时间前后不到5分钟，由此林小姐"断定"自己之前的那张"错票"也中奖了！换句话说，林小姐因为"心疼"10元而错失了44万！她估计，可能是老板太忙，自己把错票留下了。至于后来老板有没有把那张票注销掉，林小姐说当时人太多，她也没有注意。

当天下午，当工作人员还在谈论会不会是站点老板中奖时，两名男子踏进兑奖大厅要兑奖。据知情人员透露，其中的一位周先生也是13日那天在同一个站点买的彩票，林小姐是上午去的，而他是下午3点多才去的。当时，周先生在站点拿了200元让老板机选，自己则在一旁坐下来看报纸。等站点老板打完票，周先生就离开了。等开奖结果公布后，周先生才发现自己竟然中了二等奖，当然是满心欢喜。

据省福彩中心的工作人员分析说，可能是由于当时站点买票的人太多，老板忘记把那张"错票"注销了，又或者是老板看这些号码还顺眼，就自己留下了。

原来，当初周先生来买彩票时，站点老板觉得周先生打票反正机选，而老板自己又不舍得花钱把票留下，就把那张"错票"一起给他了。就这样，周先生稀里糊涂地中了44万，这在别人看来，真是既好笑又羡慕。

4. QQ号码竟然中了189万

QQ是人们用来网上聊天交流的一种工具。可谁又知道一个小小的QQ号里竟然会蕴含着近200万的大奖呢？可这世上还真有这么不可能的事。就在2003年8月，成都真有人用自己的QQ号买了彩票，竟然中出了"6+1"数字型电脑体育彩票的特等奖，奖

[神奇的惊天巧合]

金高达189万元人民币。

在成都工作的小王和小吴是一对恋人。和世界上大多数恋人一样，他们在一起的日子过得虽然平淡但也温馨。小王是个不折不扣的彩票迷，所以，作为女朋友的小吴又多了一件事，那就是经常帮出差在外的小王买体彩。

那天是星期五，小王因为工作关系又被派往外地出差，临走之前千叮咛万嘱咐让小吴别忘了帮他买那期的"6+1"。可当天小吴工作紧张，就把男朋友交代的事情给忘了个一干二净。等她知道了开奖结果后，才发现原来男朋友给自己的号码竟然是那一期的一等奖。男朋友回来知道后，虽然没有说埋怨她什么，可她心里总觉得有点内疚。于是，从那次开始，无论自己工作有多忙，她都会抽出时间来帮男友买彩票。

上个星期三，小吴像往常一样翻开报纸，想看看前一天体彩"6+1"的开奖结果。当她翻到那一版时，小吴的心不禁一阵猛跳，她简直不敢相信自己的眼睛，自己买的号码竟然中了特等奖！小吴又仔细把开奖结果和自己买的号对了几遍，最后才确定自己没有看错，接着又看了看中奖情况，特等奖三注，也就是说自己真的中奖了！小吴抑制不住心中的喜悦，立刻拨通了男友的电话。还没等小王说话，她就对小王说："我们买的彩票中奖了，还是特等奖呢！"这边的小吴早已经激动得歇斯底里了，可电话那头的小王却怎么也高兴不起来。想想上期错过的那一期一等奖，他有点不相信小吴的话。小吴解释了半天，小王仍然不肯相信自己中奖，而且还是连续两期都中奖。

小吴没有办法，干脆就把电话一甩，顺手抓起彩票和有开奖公告的报纸，跑出公寓，喊了辆出租车直奔小王的住所。等小吴见到了小王，让他自己看了彩票和有开奖公告的报纸，小王这才知道，自己是真的中奖了。

说起这注中奖号码的来历，小吴只肯透露这是根据他俩的QQ号码编来的，但小吴也没有透露具体怎么个编法。

由此看来，这小小QQ号里也大有玄机，只不过成都的小王和小吴碰巧赶上了这样的好事。更巧的是，上一期刚刚错过大奖，下一期竟然又中了大奖，也许这也算是一种命运的补偿吧！

5. 生日中大奖奇遇

2004年11月2日晚6点，家住北京市海淀区定慧寺定慧东里小区的白林先生偕夫人来到爱家西四环商城。他们径直来到三楼的"百强"展位，在向导购小姐详细了解了此前已看好的茶几和电视柜后，双方签了一个茶几和一个电视柜的购销合同，金额为5816元。

前台工作人员告之：您有资格参加商城的抽奖活动。白夫人信手从幸运卡盒里抽出一张幸运卡，刮开卡号：0047663。白林先生脱口而出："最后的两位号码是我的生年呀！"夫人问前台工作人员："哪天开奖？""11月6日。"工作人员答道。"啊？11月6日？！"从白林先生惊异的表情可以看出，这个开奖日期对他来说也非同一般。"没错，11月6日！"工作人员予以肯定的答复。"开奖日是我生日，幸运卡号码最后两位数字是我的生年，还真是太巧了！"白先生感觉非常奇妙，他有一种预感：还会有不可思议的事情发生——我可能会中奖！

77

[神奇的惊天巧合]

11月6日,白林先生提前10多分钟来到西四环商城抽奖现场,白夫人没有来。下午15时,抽奖正式开始。

三等奖和二等奖都没有他,一等奖的开奖开始了!"005××××"主持人还没有宣读完开出的第一个号码,白林先生就绝望了(一等奖只有一个)。他不由自主地走向楼梯,但当脚步移动到楼梯口时,他听到主持人宣布刚才那个号码作废,他迈到台阶上的脚又抽了回来。

第二个号码开出来了——"004766×",最后一个数字还没有公布,白林先生已经意识到这个一等奖非他莫属了!"0047663",后面的数字果然是"3"。"在这!"白林先生向主持人高高地举起了他手中的合同单。

6. 错打号码中了350万

蔡先生是广东中山人,2004年3月15日来到东莞出差。因为他的妹妹居住在东莞,所以他就到妹妹家住了下来。蔡先生是个彩迷,无论走到哪里都不忘购买几注彩票,特别是刚刚到一个新地方,更会特地去购买。他有一套自己的理论,认为:"树挪死,人挪活。"到了新地方买张彩票是理所当然的,指不定哪天就能够有所收获。

这天他刚刚来到妹妹家,吃过中午饭后就出门溜达,顺便找附近的彩票投注站。凑巧的是,没走出去多远,蔡先生就看见了一家销售网点。中午时间店内并没有什么顾客,因此蔡先生就在这家店内花6元钱购买了3注体彩"36选7"。

大概是天气炎热、空气污浊，站点的工作人员有些疲劳，竟把蔡先生所购买的一张彩票打错了号码。当时蔡先生就已经注意到了自己的号码有些问题，原本选的是36，工作人员却不小心打成了35，蔡先生并没有让工作人员重新出票，而是随手将彩票收了下来。

"与人为善便是与己为善。"现在蔡先生很能体会这句话的内涵，事情真是如此。"假如我当时选择重打一张票，那我现在就只能拿到二等奖，奖金才1万多，相比现在的巨奖，可是天壤之别！"蔡先生很是庆幸自己当时的宽容，也认为自己应该好好地感谢投注站的工作人员，给自己带来了幸运。中了头奖，奖金足足有350万，这是一笔蔡先生想都不敢想的巨款。

你会被飞来横财砸中吗？

领固定薪水的、寅吃卯粮的、需要养家活口的、苦哈哈的上班族都曾有过发横财的梦想。这虽然诙谐，却也道尽了升斗小市民的心声。

1. 钱包57年后失而复得

57年了，美国水兵查克·赫勒做梦也没有想到竟然能够在57年之后重新寻回当年在惠灵顿不慎丢失的钱包。

[神奇的惊天巧合]

　　拾金不昧者是一位新西兰女士，名叫路易斯·阿里斯顿。2000年，她将两年前买的沙发搬进新居时，发现沙发的扶手上有一块凸起来的东西，取出来一看，竟然是一个老式的钱包。钱包里装着许多照片，还有一些1943年的剪报和一个名叫查克·赫勒的美国水兵的身份证。她和丈夫都觉得真是不可思议。因为从剪报上来看，这个钱包应该是57年前的了。

　　"我和丈夫一直在讨论该怎么办，该怎么找到这个人。因为我可不想寄到上面写的地址去后却发现没有这个人，毕竟相隔了这么多年。"阿里斯顿说。

　　于是，她在网上查找了一番。当在互联网上寻找赫勒无功而返后，她将钱包送到了美国大使馆，通过大使馆到赫勒的家乡美国伊利诺伊州的门多塔直接查找。通过一番周折，还真把赫勒找到了。只是这个时候的赫勒年岁已高，这个钱包让赫勒激动得不得了，他觉得这简直是一个奇迹。

　　不久，阿里斯顿就收到了一封回信和一份当地报纸关于还钱包事件的剪报。上面写到"(赫勒)激动万分，这勾起了他的许多美好回忆"。

　　原来，1943年，19岁的赫勒驻扎在威灵顿，在电车上碰到了一个年轻女孩，两人聊得很投机，随后女孩邀请他到她父母家共进晚餐。

　　一天晚上，当赫勒准备起身离开时，发现钱包不翼而飞，钱包中有很多珍藏的照片，他们几人翻遍屋子也没有找到，这个钱包就这样不见了。之后，他离开新西兰，参加了四场战役。战争结束后，他回到了美国，再也没见到那女孩。

2. 扮阔佬求爱弄假成真

英国一名男子为挽救婚姻便向妻子谎称自己中了上亿元的彩票奖金，让她尽情花费。他的谎言越说越大，最终还锒铛入狱，但此事反而令他挽回了妻子的心。出狱后他继续买奖券，结果真的中了大奖。

6年前，英国男子霍华德与妻子凯西的婚姻遭遇低潮，感情面临着危机。但是，霍华德很爱自己的妻子，所以努力想办法试图挽回妻子的心。他记得凯西说过，如果买彩票中奖，所有问题都将迎刃而解。一次，他带凯西到商场买鞋子，当看到凯西望着心仪的鞋子恋恋不舍的样子时，为了给妻子惊喜，霍华德谎称自己中了亿元的彩票奖金。

从那时起，为求谎言不被拆穿，霍华德干脆打肿脸充胖子。他答应妻子购买一栋570多万元的洋房和3辆豪华轿车，还答应给每名亲友送上36万元，并且捐款给慈善机构。

这一切当然全部都未能兑现。霍华德其实是向人借了11万元和一辆汽车，以此冒充中奖富翁，同时还向银行透支了14万元。起初，凯西对丈夫中奖信以为真，但当他渐渐摆不出"富豪"的排场，甚至连举行庆贺中奖的派对只以火腿三明治宴客时，她便起了疑心。她向奖券机构查证未遂，索性当面询问丈夫是否真的中奖，直到这时霍华德才承认撒了谎。霍华德对凯西说这全都是因为爱她，可是，凯西还是非常伤心。

霍华德后来因为欺诈罪名被判入狱一年半，不过妻子凯西最终原谅了他，两人和好如初。两夫妇的故事已被拍成电视剧，更巧的是，近日霍华德真的中了7万元的彩票奖金。

3. "灵魂出窍"遇丈夫得财

许多人有过"起死回生"的经历，其中有的人在事后谈起当时的种种经历，让人不得不相信人的灵魂可以出窍。有些医生把这类"灵魂出窍"的事件，完全归之于服用过量的镇静剂或是承担过重的精神压力从而引起精神亢奋的一种幻觉状态。

可是，他们也找不到结论，因为早死意象与幻觉是很难区别的。尤其是有些人经过"灵魂出窍"事件后，做出的事让人难以轻易肯定那只是幻觉。

巴西里约热内卢的夏·玛利亚于1974年11月在她住的公寓楼梯口眺望远方时，不小心从上面滚下来，立刻昏迷不醒，口吐白沫。她被送到医院不久后就离开人世。为了办丧事，家人将她的尸体从医院接回家里。冥冥之中，玛利亚好像被某种东西一直带领着，走在隧道里感觉周围好像有眼睛在监视着她。好不容易走完隧道，前面出现一条铁矿般的岩石路。她继续走，又走进泥沼地。突然有人拍她的肩头，她转过头去，大吃一惊，因为拍她肩头的正是两年前因车祸而不幸死亡的丈夫。他的样子非常可怕，鲜血淋淋，还是当时车祸受伤的样子，脸上伤痕累累，右臂折断，实在惨不忍睹。

他生气地问玛利亚："你为什么到这里来？"玛利亚告诉丈夫："我不小心从楼梯上摔下来，医生判断我已经死了。那你怎么在这里呢?"

夫妻两人好久没有见面,有绵绵的情话诉不尽。一面在泥沼中行走,一面互谈了分离后所发生的事。丈夫告诉玛利亚:"有件事我一直不敢告诉你,我偷偷地买了不少股票,那时怕你反对这种投机事业。生前我本想告诉你,但走得太匆忙,现在总算有机会告诉你了,这大概是上帝有意的安排吧。你赶快回去,将我收藏在抽屉里的股票全部卖出去,然后将所得的款项用在孩子的身上。"

丈夫说完就将玛利亚狠命地一推。她竟然活过来了,从棺材里坐了起来,发现儿子正在棺材边哭得死去活来,才知道她已经"死"了9个小时了。她迫不及待地将自己这9个小时的经历讲给周围的人听,可是没有人相信她。于是她按照丈夫所说的话,找到了那个抽屉,从中果然找出了不少的股票。

4. 读"奇书"顷刻成富翁

一位年轻的穷学生,读完了一本书后,顷刻间便成了一位百万富翁。世间会有这么好的事情吗?当然有。

1922年,一个名叫贾因·保罗·拉柯斯特的年轻人拿着一封介绍信忧心忡忡地走进罗马佛奇康图书馆,求见馆长班尼·梅尔卡神父。他自幼丧父,家中贫穷无力供他完成自己的学业,于是他前来求神父介绍工作,以获得学费。梅尔卡神父刚好外出不在,贾因只有耐心等待。会客室毗连的便是参考图书室,里面存放着各种书籍。贾因信步在书架中间浏览。其中

神奇的惊天巧合

有一本书引起了贾因的兴趣，这是一本皮革封面的精装书，由于年代久远，封面稍有点脏污。这是本《动物学》，1870年出版，作者是爱弥儿·费布利耶。贾因随便翻了几页，觉得内容挺有趣，便索性坐下来从头读起。谁知一读便欲罢不能，读到倒数第二页时，只见书页中有红墨水写下的字："本书的作者致陌生的读者：你本人可以直接到罗马的派拉兹继承法院去，请求取出LJ14675号文件，这份文件将使你获得料想不到的幸运。E·F谨启。"

这是个什么样的谜？可不可信，是不是骗人的呢？贾因百思不得其解。"不过，"他想，"即使是上当，也不过是白跑一趟罢了。说不定，还真会有意外的收获呢。"想到这里，他便离开图书馆来到了继承法院。

他说明来意后，法院的文件保管员递给贾因一个信封，里面就是LJ14675号文件。打开信封，文件之外还有一封信，上面写道："我著作的陌生读者：我是你已读完的这本《动物学》的作者。这本书我耗费了毕生的精力，出版之后却没有人肯读一遍；亲友之间多少也有夸奖的人，但他们也只是夸奖，却不肯读。我恨透了这些人，于是把著作全部付之一炬，唯留下一本赠予佛奇康图书馆。而现在，你从头到尾读完了我写的书，这无论是过去还是今后，大概只有你一个人做到这一点。附在信外的文件是我的遗嘱，为了报答你下苦心从头到尾读这本书的功劳，我将把我的全部财产馈赠予你——第一个从头到尾读完我著作的人。爱弥儿·费布利耶。"

于是，贾因在欣喜若狂之余把这个情况向法院反映。1926年5月，罗马最高法院做出判决：这位年轻的法国穷学生贾因·

保罗·拉柯斯特成为拥有400万里拉财产的富翁。

就这样,贾因只因读了一本奇书,顷刻间就成了富翁。

5. 捡来的破桌子里冒出存单

捡来的破桌子里突然冒出三张总额9万元人民币的过期存单。市民施俊便撞上这样一笔飞来横财。

那天,施俊正在为自己的婚房做最后的装修。几近完工时,他见一张破桌子的桌脚还有使用价值,便想将它拆卸下来作他用。没想到桌面撬开的一刹那,一个塑料袋从桌面夹缝中掉落下来。塑料袋里装着一个信封,打开一看,里面竟然是三张大面值的存单!其中一张是4500美元,另两张是总面值26 300元人民币的存单,三张存单面值加利息总计近9万元人民币。而且,这几张定期存单早在1992年、1993年便已到期,当时存款尚未实行实名制,也就是说,施俊不需要其他凭证,只要拿着这几张存单,到银行便可提款。

施俊家并不富裕。他居住的是等待改造的危房,一个低矮的阁楼是施俊每晚睡觉的地方,几乎所有的电器都濒临淘汰。为了准备结婚用房,去年年底,施俊一家倾囊而出,花13万元买了一套二手房,然后举债装修,但结婚还要花很多钱呢。

然而,施俊捧着存单思索片刻,便又将它们塞回信封,开始想办法寻找失主。这桌子原来是楼下邻居丢弃的,存单会不会是他们的呢?经询问,施俊得知他们去年才搬到这里,桌子是老房东遗留下的,而老房东的新地址无人知晓。为了找到失主，施俊又向所在地居委会求助。居委会得知情况后，几经周折，最后根据失主家一名老妇人的社会保障卡号码，追踪到其以往住过的地址。最后终于找到了失主。

奇怪的是，这名失主并不知道自己有这些存单。最后，在其母亲的回忆下，事情才弄明白。原来，这些钱都是以前失主和他的哥哥孝敬两位老人的。老人舍不得用，便仍然以儿子的名义把钱存了起来。两年前，失主父亲突然病重，临终前几天，两眼紧紧盯着这张桌子，却无法开口说话，谁也不知道是什么意思。现在总算物归原主了。失主一家对施俊深表感谢，因为对他们来说，这不仅仅是三张存单，更可借以安慰他们已故的父亲。

爱情是无数次巧合中的一次

没有另一半的人生是不完美的。也许缘分就是巧合，也许缘分就是偶遇，也许缘分就是你不经意间给陌生人的一个微笑，也许缘分就是你给别人的一个机会。

1. 该遇见的始终会遇见

澳大利亚的纽卡斯尔有一位名叫玛丽的青年女子，一直跟父母住在一起。不过，她觉得自己长大了还跟父母住在一起非常不方便，所以一直在寻找机会搬出去住。

1990年的一天，玛丽从报纸的分类广告中看到有房出租，当即租下一间寓所。在朋友的帮忙下，她几天后就住进去了。奇怪的是，入住后玛丽不断收到收信人名叫帕特里克的邮件，玛丽每次都写上"查无此人"而将邮件退回。两年后，玛丽找到另一份工作，为了方便，她通过报纸广告租到另一间寓所。玛丽同样还是经常收到帕特里克的信件，她觉得非常奇怪，不过，也没有多想，照样把邮件退回。

后来，玛丽又找到另外一份薪酬较高的工作。为了工作方便，她又租住到另一间寓所，几天后又收到帕特里克的信件。玛丽以为有人同她开玩笑。

一天，玛丽与她的三位房东问起此事，终于解开了疑团。房东对她说："帕特里克与她同在一间保险公司工作，他确实曾相继租住此三处住房。只不过现在搬走了而已。"

一周后，房东将帕特里克介绍给玛丽。他们相识后，都深深地被对方吸引了，很快就坠入爱河，不久两人结了婚，现在已有两个可爱的孩子。玛丽说："我与帕特里克仍然常常提到过去三次搬家令人难以相信的巧合，都觉得不可思议，这就是缘分吧。"

2. 巧合铸成的"换妻"奇迹

"换妻"的做法是违背社会伦理道德的。然而有一个"换妻"的故事，却是上帝导演的。

[神奇的惊天巧合]

宋石生年轻有为，建筑技校毕业后在家乡南昌市湾里区一家建筑公司当技术员。23岁时，宋石生经人介绍，娶了同事李慧兰，成了单位里最年轻的一对夫妻。然而一年多之后，他们未能生下一男半女。有人传言他们不能生育，不得已，他们只好四处求医问药。然而又是一年过去了，仍然不见他们有喜。无奈之下，他们决定抱养一个孩子。

一个偶然的机会，宋石生和李慧兰在当地的火车站看到一个被遗弃的女婴。他们不知道这个孩子的姓名，更不知道她来自何方。正好他们也想要抱养一个孩子，于是就把孩子抱回了家，还给她取名柔柔，跟宋石生姓宋。

柔柔是刚生下不久就被丢到火车站的，宋石生和李慧兰决定对同事们说，自己得到了上海某名医的帮助才有此佳音。为此，他们还特地去了趟上海，并请了孕假。然而不幸的是，他们回家的时候，在车站前的公路上，李慧兰被一辆卡车撞倒，左脚粉碎性骨折。这样，李慧兰成了残疾人，基本上丧失了劳动能力。

这辆卡车的司机叫张力，是小个体户，根本无法承担李慧兰的医药费，更无力赔偿由于事故给宋石生夫妇造成的损失。张力非常愧疚，便提出娶李慧兰为妻，愿意一生一世地照顾她。宋石生当然不同意，但是，李慧兰听说后坚决要跟宋石生离婚，她不想耽搁他的前程，更不想因此拖累他。

后来，宋石生忍痛跟李慧兰离婚，但是要求自己来抚养女儿。女儿长大一些以后，宋石生把女儿留给父母照顾，独自一人南下打拼事业去了。

因为有建筑方面的技术，宋石生到珠海发展，很快就找到一家建筑公司做技术员。这家公司的老总也是江西人，跟宋石生是同乡。宋石生工作认真成绩显著，受到了老总的重视，很快就做了科长。

宋石生所在的公司有一个与他年龄相仿的后勤部经理，名字叫小曼，也是江西同乡。小曼人长得漂亮，但是一直没有考虑婚嫁的事情。后来由于业务上的关系，二人渐渐熟悉起来。宋石生的诚恳和才干得到了小曼的欣赏，两个人相处得很不错。公司老总看出了他们两个人的关系，就有意撮合他们。宋石生对小曼也渐渐心生爱意，于是开始主动追求小曼。小曼本来不想谈恋爱的，但是看到宋石生是一个诚恳有才干的人，自己也很喜欢。两人情投意合，很快坠入了爱河。

一年以后，宋石生和小曼开始谈婚论嫁。宋石生出于对小曼的尊重，就把自己过去的经历全告诉了小曼，并且说明自己已经有了一个女儿。

小曼对此并不介意，并且也把自己过去的经历告诉了宋石生。原来，小曼在家乡的时候也谈过一个男友，那人姓张，小曼还怀了他的孩子。但是，男友的父母不同意两人的婚事，最终生生拆散了这对苦命鸳鸯。当时小曼肚子里的孩子已经很大了，无法流产。小曼分娩醒来之后，母亲告诉她孩子是个死胎。伤心的小曼就一个人南下投靠亲戚，最终在这个公司站住脚。这段往事严重地伤了小曼的心，也是她后来一直不谈恋爱的原因。

两人对彼此的往事都不计较，打算元旦结婚，把柔柔当自己的亲生女儿抚养。两人又是同乡，现在喜结连理，双方父母很快就到了珠海，还接来了柔柔。两家人都非常高兴，为此，

[神奇的惊天巧合]

小曼的母亲还特意多留了几天,帮女儿照顾柔柔。

一天,当小曼的母亲给柔柔洗澡的时候,发现柔柔左肩上有颗小黑痣。她赶紧问小曼孩子的详细情况,小曼把一切都告诉了母亲,说明柔柔是在湾里火车站捡到的。这时候,小曼的母亲才告诉小曼,这个柔柔就是小曼的亲生女儿。原来,当年小曼的母亲觉得要了这个孩子对小曼是个累赘,于是就丢在了湾里火车站,对小曼撒谎说是个死胎。小曼听说后,马上告诉了宋石生。

宋石生非常吃惊,不相信世间竟会有如此巧合的事情。然而更令他吃惊的是,小曼告诉他,她的前男友竟然叫张力,就是那个司机。

现在,张力跟宋石生的前妻生活在一起,而小曼则跟宋石生结婚。这一切的巧合,铸成了一个"换妻"奇迹。

3. 天上掉下个"胖妹妹"

每当天气突变,或者出现大雨倾盆、雷电交加,或者狂风呼啸、雪花漫天等天气异常的时候,人们总是喜欢待在屋里,因为屋里总是比外面更安全些。然而,一个巧合或许就能改变人的看法,让人觉得待在屋里、睡在床上未必就比外面安全。

对这一点深有体会的,是美国的格里。格里住在明尼苏达州的明尼阿波利斯,在大学求学。格里并没有住在学校里,而是像大多数学生一样,在外租房居住。他的居住条件不是很好,住在两层的楼房的下面一层,上面住着一位非常胖的女人。

格里每日十分繁忙,他不仅专心学业,还要努力做兼职,否则他的大学就没法读下去。所以,他每天十分劳累,基本上躺到床上就会睡着。但是,他每天睡觉前都要忍受一段煎熬,因为他的楼上邻居贝萨每天晚上都会跳一支舞。如果没有声响地跳舞也就算了,可是这位身材十分"出众"的邻居总是把楼板弄得"嘭嘭"作响。因为贝萨的体重160千克,是两个正常男人的体重。所以,每当她跳舞的时候,格里总是无法睡觉。不过还好,格里年轻,他的生活并未受到太大的影响。

贝萨的体重也不是生来就是这样的,只是一年前的一场怪病夺去了她的健康身材,她才从一个漂亮的女孩变成了胖子。一天晚上,贝萨像往常一样在屋里跳舞,这种运动她已经持续了一个月。因为有朋友介绍说这种舞蹈被称为"减肥舞",专门用来减肥的。本来贝萨也很喜爱跳舞,正好可以减肥,于是就一直坚持着。她随着音乐的节奏舞动自己的身体,巧合的事情发生了:由于这个楼房的楼板不是特别坚固,所以当贝萨跳起来准备落下去的时候,楼板经受不住她的重量,突然塌了下去。结果,贝萨整个身体就坠落到下面一层。她以为自己肯定要受重伤了,但巧合的是她正好落在格里身上时有格里的身体做缓冲,贝萨并没有受伤。

格里当时已经睡着了,突然被砸醒,感觉到浑身疼痛。他看到贝萨压在自己的身上,有些纳闷。他记得睡觉的时候明明锁好了门窗,为何这个胖女人会在自己身上呢?如此重的重量砸在格里的身上,让他没有太多考虑的时间,就昏过去了。

格里醒来的时候,发现自己躺在医院的病床上,旁边就是砸中自己的贝萨。医生说格里的肋骨被压断一根,多处软组织

[神奇的惊天巧合]

受伤，都是因突然的重压所致。这次的事故完全是贝萨所致，因此她承担了格里的所有医药费，还负责照顾格里，直到他出院康复为止。此后，贝萨每天都准时到医院照顾格里。为此她不得不加快自己的生活节奏。忙来忙去，不想这一行动竟然帮助贝萨减去了几十公斤。在贝萨照顾格里的日子里，两人对彼此的了解逐渐加深，并爱上了对方。

出院后，格里跟贝萨重新租了一套公寓，格里还陪着贝萨加入了一个减肥训练基地，最后成功减掉了近100千克，重新恢复了苗条的身材。他们也走上了爱情到婚姻的道路，成就了一段佳话。

三米左右的高度，如此重量，格里竟然没有被砸死，可以算是巧合中的巧合。以正常的科学计算是无法解释清楚的，但是它确实存在并发生了，不能不让人感慨。

4. 子弹也"送子"

大千世界无奇不有，一对夫妻从相知相爱到步入婚姻的殿堂，需要时间的考验，当然也需要一些缘分。生物学意义上的夫妻，终极目的是繁衍后代，所以生儿育女是夫妻结婚后必须考虑的问题。有没有子女是判断家庭完整与否的重要因素之一。也有这样的夫妻，他们是因为先有了孩子才结为夫妻，而且他们的孩子还是在不知道的情况下生下的。

第二次世界大战期间，一位年轻的法国军官就曾遇到这样奇怪的事。有一天，一位女医生带着一个一岁大的婴儿来到军营，找到这位军官，并告诉他这个孩子是他的亲生儿子。这位军官感到很诧异，因为自己从未和女性同房，怎么会有孩子呢？在战争的条件下，军人的生命得不到保障，所以入伍前没有结婚的在入伍后很少会结婚。尤其是法国这个曾在战争初期处于不利地位的国家，军人的地位不是十分尊贵，所以许多年轻的士兵都是单身。故而，有人告诉他这件事情的时候，他十分不理解。

这位女医生连忙向军官做了一番解释，这位军官在诧异之余，感到万分惊奇。

大概一年前，这位军官参加了一次极为残酷的战斗。德军的攻击十分猛烈，他的军团受到巨大的攻击，损失十分惨重，这位军官也未能幸免。当时，他为了救一个战友冒险跳出战壕，正好被子弹击中。疼痛让他立刻倒地，但是没有死，因为这颗子弹击中了他的睾丸，足以让他失去生育能力。让人惊讶的是，那颗子弹通过他的睾丸后，又射入了他旁边一位正在战场抢救伤员的女医生的腹部。随后两人都被送进了医院进行抢救，所幸都无性命之忧。

接下来的事就更加玄乎了，这位女医生在9个多月之后居然怀孕生子，但是她之前从来没有谈过恋爱，更别说和异性同居了。这件事情使得她的名声受损，她不得不向医生寻求解答。医生经过一番研究，得出了如下结论：9个月前给她动手术时，医生曾从她腹部取出一颗子弹，而这颗子弹带有男子的精液，精子射入女方的卵巢，从而受孕。经过一番调查，医生又确定了当时战场上在同一地点确实有一位男性军官睾丸受伤。

这位女医生接受了这样的解释，于是才有了故事开头的场景。那位男军官听后，表示十分愿意接受这个孩子。于是，二

[神奇的惊天巧合]

人很快组成了属于自己的家庭。战后，军官退伍，二人过上了幸福美满的生活。

一颗小小的子弹成就了一段姻缘，人世间的巧合真是令人意想不到。但是，这是多小的概率啊，子弹能准确地命中军官的睾丸，并且没有停留其中，而是又射入另外一个人的人体。巧合的是他们都没有死亡，这在战争背景下，几乎可以称之为奇迹了。

5. 第53次重新开始

人们常说要相信自己的第一感觉，尤其是在爱情和婚姻方面更是如此。许多人在寻找了多年后，才发现第一个恋人才是自己的最爱，第一个妻子才是自己一生最值得珍惜的爱人。

马来西亚的卡马鲁汀·穆罕默德是个富商，他经营着多家跨国公司，有着丰厚的家产，也有经常出国和接触美丽女子的机会。穆罕默德还有英俊的相貌、优雅的气质，这一切使得他博得了许多女子的芳心。他一生结婚次数多达53次，他一直认为夫妻感情靠的是缘分，不能刻意去追求。

穆罕默德的第一任妻子叫可罕迪加，长得十分美丽。穆罕默德对她一见倾心，于是就向她求婚。可罕迪加也为穆罕默德英俊的面孔和优雅气质所吸引，很快就与他步入了婚姻的殿堂。然而，一年以后，穆罕默德决定离婚，因为他觉得两个人的缘分已经到了尽头。可罕迪加被迫离开他，独自生活，而穆罕默德则继续寻找自己的缘分。

一次出差到英国的时候，穆罕默德认识了一个英国女郎。

他们在短暂的接触之后就在英国举行了婚礼。为此,穆罕默德在英国待了近一年的时间。然而这位英国女子婚后坚持不愿意离开英国,穆罕默德只好跟她离了婚。此后,穆罕默德又结过多次婚,但没有一段婚姻维持得长久。甚至有一次,穆罕默德的婚姻只维持了两天,他就看出了对方只是为了他的财产,断然与她离婚了。

当然,穆罕默德的妻子中也有一位他特别喜爱的,那是一个泰国女子,与穆罕默德持续了20年的婚姻,终因身患癌症而过早地离开了人世。至今,穆罕默德仍然念念不忘那位泰国妻子,她的美丽、善良让他心醉,生活的融洽让他长久难忘。

虽然结婚次数很多,但是穆罕默德一直坚持一夫一妻制,从来不做婚外恋或者包养小三之类的事情。他坚信男人的一生中不能只有一个女人,只要喜欢,完全可以选择自己喜爱的女子。但是,如果两个人已经没有了感情,却非要因为婚姻的约束而在一起,则是有悖人性的,对双方也都是一种痛苦。

72岁的穆罕默德回想起自己过去几十年的婚姻,不免有些凄凉。英俊的外表随着时间而消逝,他已经不能再吸引漂亮的女子了,而晚年的他却没有人陪伴。

一次偶然的机会,他遇到了一位同龄的老妇人,两人聊得非常投机,于是两个人决定来个黄昏恋。恋爱以后,穆罕默德才发现老妇人竟然是可罕迪加。虽然他们生活在一起的时日不长,但是,深刻的感情还是铭刻在了彼此的心里。

穆罕默德认识到这个巧合以后非常感慨,决定不再离婚,要跟可罕迪加永远在一起。风烛残年的时候,他们选择了重新开始。

[神奇的惊天巧合]

天造地设一样的难得

世界上的万事万物中,有些事情巧得天设地造,难以置信,但却是千真万确的。

1. 自己的电话号飞来

足球场向来都是充满激情与活力的地方,球迷们在遇到精彩的进球或对球赛的结果不满时都会做出一些行动来表达自己的情绪,向场内扔东西是非常普遍的方式。球迷扔的东西一般是预先准备好的,如彩条、纸片,甚至还有各种瓶子。当然,为主队喝彩时不能往场内扔东西,有些人就在座位上扔来扔去。可是,你听过有人在足球场上接到球迷扔的东西竟然是自己的电话号码、住址,甚至是姓名的吗?

这件巧合的事就发生在澳大利亚。澳大利亚也是一个足球运动兴盛的国家,很多男孩从小喜欢足球,托德就是其中之一。他从小就梦想成为一名职业足球运动员,但因为种种原因,一直没能把足球作为职业。这是因为托德的父亲是个优秀的生意人,他希望托德能继承自己的产业,于是就送托德去读大学,并且极力培养他的商业意识。尽管托德的父亲知道他很喜欢足球,但还是压抑了他的兴趣。

托德没有成为职业球员，却成了铁杆球迷。只要有时间，他都会到球场看球赛，从没有错过关键的足球赛，尤其是国家队的比赛。

巧合就发生在托德看球的赛场，这或许是他一生中最不可思议的事情了。那一年是澳大利亚世界杯预选赛的最后一战，只要胜出，澳大利亚就能出线进军世界杯。在主场球迷的欢呼中，澳大利亚一路领先，最终成功击败对手出线。激动的球迷疯狂地将东西抛向场内，瞬间整个球场就沸腾了。正在此时，托德看到天空飘着纸片，于是顺手抓了一片，也正是这一抓造就了一个巧合。他抓在手中的纸片上记载着他的名字，后面还有他的住址和电话号码，这让托德目瞪口呆。可是，拿在手中的纸片分明就是写着他的名字和信息！如果他那一抓晚一秒，或快一秒，这一切就都不会发生了。这是巧合吗？

原来，一个现场球迷在激动之下，将一本邮局印刷的电话号码簿撕成碎片，然后撒向空中。而碰巧托德抓的那片，恰好是自己的名字。如此巧合，令人惊叹。

2. 从彼得罗夫卡来的姑娘

安东尼·霍普金斯是位大器晚成的演员，早年他为表演事业终日忙碌，但始终不太出名，不过他一直很努力。有一次，他接拍了一部根据《从彼得罗夫卡来的姑娘》改编的电影，在里面担当主角。当时他并没有看过这部风靡一时的原著，因为十分畅销，这部书在整个英伦三岛都买不到。这使得霍普金斯一

| 神奇的惊天巧合 |

度十分紧张，因为他知道，剧本是导演编剧和演员表演的基础，读原著是作为一个演员必须做的、最基本的事情。

就在霍普金斯的演艺事业将要因为一本书而陷入危局的时候，一个巧合拯救了他，也成就了电影史上的一段佳话。

有一天，安东尼·霍普金斯从朋友那里听说伦敦还有《从彼得罗夫卡来的姑娘》这本书的存货，便准备亲自去趟伦敦。不巧的是，他错过了去伦敦最早的一辆火车，于是时间比计划推迟了整整一上午。当火车到达伦敦的时候，已是下午三点，他转遍了当地的所有书店也没有找到这本书。所有的书店都脱销，如果想买新进的货，只能在一周以后了。显然，安东尼·普金斯等不了那么长的时间，只能失望而归。

霍普金斯一直在为买不到书而懊悔不已，作为一个严于律己的演员，霍普金斯想演好每一部戏。这或许跟他的话剧演员出身有关：从伦敦皇家戏剧艺术学院毕业后，他一直在当戏剧演员，出演莎士比亚笔下的一系列戏剧。作为话剧演员的霍普金斯一直背诵莎士比亚的作品，并养成了良好的习惯。所以，即使是演电影，他也坚持必须看原著。

从伦敦返回的路上，霍普金斯漫无目的地来到一个公园，那里有许多长凳供行人休息。他随便挑了一个长凳坐下，发现座位上有一本书，竟是他梦寐以求的《从彼得罗夫卡来的姑娘》！这意外的收获让他兴奋不已，于是，他一边看书，一边等待失主前来。可是，直到夜晚也不见有人来认领。霍普金斯只好将书带走。

有了这本书，霍普金斯对自己的表演信心大增。他认为这是上帝赐予他的机会，并且以在电影中的出色表演赢得了观众的喜爱。霍普金斯开始受到人们的关注,这部电影也成为他电影事业的开始。

几十年后,《从彼得罗夫卡来的姑娘》的作者拜访安东尼·霍普金斯,两人谈起了他的那部电影作品。安东尼·霍普金斯表达了对原著的推崇,认为它非常出色,不愧是现代小说中最畅销的书。作者也十分谦虚,只是对这本书的畅销感触颇多,因为竟然作者自己都没有这本书:所有的书店都卖完了,连出版社送的一本也被朋友借去,丢在了一个长凳上。霍普金斯大吃一惊,说出了当年巧合捡到这本书的经过,果然,这本书就是作者的朋友丢失的那本。

他们对这一巧合感到非常惊奇,此后,二人也成了好朋友,成就了一段佳话。

3. 被风吹走的《风》

1900年出版的《不可知的事》一书,有一章写了一个有趣的故事。

19世纪的一天,法国著名天文学家卡米尔·费莱伦姆正在屋中写书的一章《风》,写得非常顺手。可是,他刚刚写完放下笔,突然刮来一阵风,将他写完的稿子卷出了窗外。他十分恼火,这可是他好长时间以来的心血呀。即使恼火,他也不得不重写这一章。因为写这一章需要不少时间,所以他迟迟都没有再动笔。

几天后,他十分奇怪地收到出版社寄来的稿件《风》的收据,这使得他百思不得其解。这个稿件不是被风吹走了吗?怎么会在出版社呢？于是，他就到出版社去问情况，一个编辑接待了他。

编辑说："请问你有什么事吗？"

卡米尔·费莱伦姆说："我之前收到了你们出版社寄来的我的稿件《风》的收据，可是我并没有给你们投稿呀。而且，这个稿件在我写完的当天就被风给吹走了。我想问一下这究竟是怎么一回事。我自己都感觉莫名其妙。这太奇怪了呀。"

编辑听了后给他解释了其中的原因。原来，那阵风把稿纸吹到大街上，正好出版商的公务员经过，他随手将散落的稿纸捡起来，然后带回出版社，把它交给了出版商。

4. 布丁见证的重逢

布丁是人们常见的一种食品，是由浆状的食材凝固而成的，有圣诞布丁、葡萄干布丁等，常见的制法有煮和蒸等。然而正是这样一种现代随处可见的食品，竟然见证了两位法国人之间的有趣巧合。

福特·吉卜是一个经常出差的法国人，他最早一次出差是去英国。当时，他见到了英国的传统食品葡萄干布丁。出于好奇，他买了一些尝尝，谁知从此他就和葡萄干布丁结下了不解之缘。布丁的美味让他难以忘怀，回国的时候，他又买了很多准备回去吃。回国后的福特·吉卜十分兴奋，因为他不仅第一次出国，而且还吃到了美味的布丁，甚至因为布丁他还喜欢上了英国。

一天，福特·吉卜去奥尔良附近的一所边境学校，他看到一个孩子坐在校门口哭泣。出于同情,他上前去询问。原来,小孩名叫埃米尔·德尚,刚刚被同学欺负了。为了不让他再哭,福特吉卜就给了他一块葡萄干布丁,香甜又美味的布丁让德尚很快忘记了不快,破涕为笑。

10年后,福特·吉卜岁数已经很大了。他的步履不再灵活,头发也稀疏了很多,不过精神还是非常好。一天,他在巴黎一家饭店吃饭,饭店里还有最后一块葡萄干布丁。他立刻将布丁预定了下来,准备饭后享用,这是他多年来的习惯。就在他吃完饭之后,女招待过来告诉他,说有位男子路过饭店的时候看到这块葡萄干布丁,十分喜欢这种口味,想问福特吉卜先生是否能分一部分给他。福特很好奇,因为这种葡萄干布丁在巴黎还不十分普遍,到底是什么样的人会喜欢上它呢?福特一下子来了兴趣,让女招待将那位男子带进来。

刚一见面,那位男子就欣喜地叫起来,因为他就是埃米尔·德尚。他已经是一个成年人了,福特一开始并没有认出他来。这难得的偶遇让他们聊了起来,他们一起分享葡萄干布丁的美味,聊着各自10年来的情况。德尚说,自从那次吃到福特的葡萄干布丁后,就一直记得它,可是在法国很难买到,所以刚才见到这种布丁的时候,才恳求要跟人分享。这次巧遇,让他们都感慨万分,一直聊了很久。

一晃几年过去了,福特的身体大不如前,人也开始有些糊涂了,经常做错事情。一天,他要去朋友家,可是奥尔良的城市街道已经改变了很多,他已经分不清楚了,于是只好坐出租车。可是他提供的地址,出租车无法准确到达。下车后,福特一个人走在大街上,这时的他仍然还记得葡萄干布丁的香味。

[神奇的惊天巧合]

如今，这种食品在法国已经十分普遍了，很多家庭都会制作。正在迷茫的福特，忽然闻到一股葡萄干布丁的香味，于是顺着香味走去。到了一间房屋门前，他推开门，发现里面有十几个人正在聚会，桌子上摆着刚出锅的巨大的葡萄干布丁。福特意识走错门了，赶忙道歉退出。不过就在这时，聚会中的一个人叫出了他的名字。多么巧合啊，这个人竟又是埃米尔·德尚。他是来参加宴会的，不曾想竟遇到多年前的忘年交。

三次巧合的相遇都与布丁有关，有点温馨、有点忧伤，更多的是一种对命运安排的由衷感慨。

幸运的巧合

巧合有好有坏，许多幸运伴随着巧合而来，给人一个巨大的惊喜。

有人认为这些幸运的事情早就存在，只是在一个特殊的时间突然出现。然而，它们为何出现在这些巧合的地点和时间，谁也无法解释。于是我们就单纯地将其归结为巧合。

1. 枪口下的奇迹

第一次世界大战期间，英国与法国的联合军队与德国在西线交战。俄国也从东线出兵，牵制了大量德国军队，导致德军只能跟英法对峙。双方在阵地战之外经常爆发小规模的冲突。

为了防止士兵单独面对敌人，军队统帅要求士兵不得单独外出，尤其巡逻的时候，必须有战友陪同。这对没有战争欲望的士兵来说，是非常讨厌的规定，因为他们不想打仗，只想早些回家与家人团聚。英军二等兵史密斯就是其中一个。参战时他刚刚结婚，还没来得及跟妻子度蜜月就被紧急招进军队。他非常想念妻子，整日愁眉苦脸、闷闷不乐。但是作为一名军人，他也想有朝一日能功成名就，戴上勋章。

一天，史密斯随同战友去巡逻。一路上他们小心谨慎，生怕出现差错，因为前几天就有战友在巡逻时碰到德军，结果全部牺牲。他们尽可能选择熟悉的路线，拉大队伍的距离，以免被同时歼灭。结果史密斯不小心与战友们走散了，他在黑夜里不停地摸索，可是怎么也找不到来时的路。

就在史密斯疲乏困顿的时候，他走到了一个非常偏僻的村庄。他决定先在村庄休息一晚，等天亮了再找路回去。正当他准备进村的时候，突然发现前面100米的地方有一个德国兵。他很害怕，想趴下隐藏起来，但是周围根本无法隐藏。于是史密斯决定打死他，他迅速把枪上好子弹，瞄准。

正当他要开枪的时候，突然一声枪响。原来，那个德国兵已经先开枪了。其实，在史密斯趴下的一瞬间，德国兵就已经发现他了。史密斯以为自己要死了，可是并没有感觉身体上哪个部分有问题。史密斯低头一看，原来德国士兵射出的子弹正好射进了自己的步枪枪膛。真是巧合之至，史密斯一边感谢上帝，一边不动声色地用步枪瞄准德国士兵。那个德国士兵以为史密斯已经死了就放松了警惕，结果被史密斯用枪打死了。

[神奇的惊天巧合]

　　这个不可思议的意外救了史密斯的命，现在这支步枪还保存在英国美斯顿博物馆内。子弹射入枪膛的概率有多大？这难道不是巧合吗？

　　另一个十分幸运的奇迹，也与枪有关系。

　　24岁的青年亨利·芬克患上精神病已有14年之久，他行为怪诞，无法自制。正因为如此，亨利至今仍然没有女朋友。其实，他是有一个心上人的。但是，他觉得自己配不上人家。

　　有一天，他在街上碰到了他喜欢的那个女孩子。她当时正在与一个比较帅的男孩子道别，男孩子拥抱了她，并且吻了她，女孩子的脸笑成了一朵花。男孩子说了一句"明天见"就离去了，而女孩子还在看着这个男孩子的背影不愿意离开。这一幕被亨利·芬克看在了眼里，他觉得自己的心非常痛。一时间，他觉得自己的人生没有任何意义了。

　　回到家，他谁也不理睬，把自己关在房子里。他找出了自己曾经买来的手枪，想用这把枪来结束自己的人生。他不能拥有自己心爱的人，他根本就没有这个权利。他想如果继续这样活下去，对自己没有一点好处，其实他是多么舍不得这个世界呀。

　　就在这个时候，他的病痛又发作了。由于不堪忍受病魔的折磨，他竟然真的向自己的头部开枪了。不料这一枪不但没有夺去他的生命，反而歪打正着地医好了他的脑部顽疾。射入脑部的子弹至今仍留在他的头内，却使他变成了一个正常人。

2. 重叠的照片

1914年，有位德国妇女到法国斯特拉斯堡市的一家照相馆为自己年幼可爱的儿子拍了一卷胶片，胶卷留在照相馆冲洗。可是，很快地第一次世界大战爆发了，她不可能重返斯特拉斯堡取回胶卷了。这使得她非常难过，因为她太希望记录自己儿子的每一个历程了。

一年后，有一次，战场上的丈夫回家探亲。夫妻两人久别相聚，自然非常甜蜜，诉说着彼此的思念。忽然，她想起了照片的事情，于是忍不住把这件事告诉了丈夫。丈夫笑着安慰她说："没有关系，下次再照也是一样的不是吗？"她也只好这样安慰自己。

两年之后，她又有了一个女儿。这个女儿是一年前回家探亲的丈夫留给她的另一个爱情结晶。尽管丈夫没有在家，不过，她的公公婆婆对她非常好，也非常照顾她。所以，她觉得自己非常幸福。尽管是在战争年代，她仍然有时间为儿女们做一些事情。

一天，她在100英里之外的法兰克福买了一卷胶卷给新出生的女儿拍了照。女儿就像小天使一样，惹人喜爱。当照片冲洗出来后她惊奇地发现，女儿的影像重叠在她儿子的影像上。原来，她原先给儿子拍了照的胶卷被卖了出去，竟又辗转卖到了她手里。

[神奇的惊天巧合]

3. 准时到来的钥匙

威廉蒂作为一个单身女人,从来都是无拘无束却又丢三落四的。出门忘记东西几乎成了威廉蒂的家常便饭,她也经常为此付出不小的代价,不过有时她却颇有好运能"化险为夷"。

威廉蒂还有一个特点是极其热爱旅游,在工作一段时间后,她总会选择一个地方作为旅游的目的地,然后从出发地一路游玩到目的地。目的地对她来说是次要的,主要是到达目的地的旅途中,有哪些值得旅游的地方。幸好在美国国内的旅游花费不多,威廉蒂的工作足以承担所有的旅行费用。不过,她一方面极度喜爱旅游,另一方面又丢三落四,可以想象威廉蒂的家中会是什么样子。

一次,威廉蒂到新墨西哥州的罗斯维尔旅行,相传那里有神秘的外星人居住过,而且新墨西哥州还有阿兹特克遗址、卡尔斯巴德洞窟国家公园、托尔特克纳风景铁路和航空中心等,深深地吸引了威廉蒂。在近一个月的时间里,威廉蒂参观了几乎所有感兴趣的地方。可惜天气不佳、暴雨倾盆,许多地方她都是冒雨参观的。为此,威廉蒂还患了重感冒,不得不提前结束旅行回到纽约。不巧的是,纽约也是阴雨连绵,当威廉蒂走到家门口的时候,她已经非常疲惫了。

更加不巧的是,威廉蒂进不去大门,因为她找不到大门的钥匙了。以前她也时常丢失钥匙,所以家里的大门上的锁都换了好多次。此时她翻遍了所有的包裹和口袋,也仔细寻找了经常藏钥匙的几个地方,但是始终没有找到。无奈的威廉蒂只好准备去寻找一个旅馆住下。

就在威廉蒂准备离开的时候,邮递员飞速赶来,送给她一封挂号信。因为汽车出问题,所以邮递员比平时来得晚些,不然早就到了。打开信件的威廉蒂几乎尖叫起来,因为信中有把钥匙,而且正是她家大门上的。这实在是太巧了,让她几乎无法相信。

原来,这封挂号信是威廉蒂的哥哥从华盛顿寄过来的。一个多月前,她的哥哥到纽约出差,顺道过来看看妹妹。当时,为了方便,威廉蒂就给了他一把钥匙,不过临走的时候哥哥忘记将钥匙还给威廉蒂了。回到华盛顿后,他就以挂号信的方式将钥匙寄过来。不想,正好赶上了急切需要钥匙的威廉蒂。

这种意外,不仅让威廉蒂感到惊喜,更让人们觉得不可思议。

4. 从天而降入纸箱

在意大利,有一个孩子从楼上摔下,幸运地掉到了一个纸箱里,安然无恙。

这个孩子名叫戴维,在他三岁生日那天,父母为了给他一个惊喜,特意买了一个玩具降落伞。这是一款新出的玩具,深受孩子们的欢迎。玩具降落伞是模仿真的降落伞制作的,虽然不如真的降落伞那样重,但是大小和真的差不多,仅仅是装玩具降落伞的纸箱就足以装下一个孩子。刚刚看到玩具降落伞的时候,小戴维高兴极了,甚至还来不及打开降落伞就跳进纸箱

[神奇的惊天巧合]

里。小戴维的父亲高兴地将他和降落伞一起抱出来,让他在地板上玩,并将包装的纸箱随手扔到了楼下。

看到小戴维认真地玩着新玩具,忙碌的父亲就放心地离开家上班去了,而母亲则想趁着这个时间把家里好好地收拾一下。

小戴维知道他的新玩具叫降落伞,在电视里时常看到军人用它从飞机上降落。虽然他不知道这个玩具能否像真的降落伞那样从天而降,但是他觉得去户外玩降落伞也许更有意思。可是,小戴维的家在高楼的10层,出去一趟必须要父母陪着。小戴维可不想这么费劲,于是,他想了一个办法:他站在阳台上,打开玩具降落伞,恰好这时一阵大风刮过,张开的伞趁着风势,直往楼下坠。小戴维年幼无力,一时把不住玩具降落伞,但是十分珍惜玩具的他又不肯放手,于是小戴维就随着降落伞一同坠下楼去。

毕竟是玩具,无法像真的降落伞那样保护跳伞人的安全。听到"呼呼"的风声,小戴维吓得号啕大哭。幸运的是,他掉到了一个装满了垃圾的纸箱子里。纸箱中的垃圾减缓了小戴维下降的冲力,避免了一场悲剧的发生。巧的是,这个箱子就是被父亲随手丢下楼的玩具降落伞的包装箱。

原来,小戴维的父亲将箱子扔下楼后,正好被清洁工看见。清洁工觉得这个箱子可以用来装垃圾,于是,就将附近的垃圾都装在这个箱子里,准备运走。当清洁工正要发动汽车的时候,小戴维从天而降,不偏不倚正好落在了这个箱子里。

第三章
生命·前世今生

牵涉生死、却又充满神秘色彩的巧合事件,使我们看不到巧合的前因后果,也看不到自己的前世今生;生命是如此神奇,那一系列的巧合里隐藏的是什么密码呢?

[神奇的惊天巧合]

孪生传奇

同卵双胞胎,基因和生长环境都一样,情感联结比一般兄弟姐妹强,因此他们常常会出现"感同身受"的情况。

1. 天涯海角依旧孪生

美国的孪生兄弟约翰·斯普林格尔与约翰·刘易斯的母亲因为疯狂地爱上了一个人,执意要为他生下他们的孩子。孩子出生后,孩子的父亲就再也没有出现过。可是,她不恨他,因为这是她自己的选择。可是,她的经济状况让她不得不把自己心爱的一对双胞胎送给别人。为了让兄弟俩长大后能够相认,她在他们的脖子上各挂了一个一模一样的珍贵怀表。这两块怀表是她妈妈传给她的,是家里的传家宝。

就这样,约翰·斯普林格尔与约翰·刘易斯在降生后尚未满月就"各奔东西"了。

39年后,他们因为一个偶然的机会相见。当他们聊起来时,才发现两个人竟然是孪生兄弟。

他们一起到酒吧里喝酒,聊着这么些年来各自的经历。约翰·斯普林格尔说:"我开始的时候与一个叫琳达的女人结婚了。可是,我们两个人的性格差别太大,根本无法共同生活。

于是,我们只好分手了。分手后,我们仍然保持着联系。后来,我遇到了贝茜,也就是现在的妻子。她非常好,我很爱她。我们已经有了一个儿子。"

当约翰·斯普林格尔说自己的结婚经历的时候,约翰·刘易斯的眼睛睁得大大的。约翰·斯普林格尔问他:"你为什么这么惊讶的样子?有什么不对的吗?"约翰·刘易斯惊叫着说:"天啦,这太不可思议了。我的前妻也叫琳达,我们也是因为性格不合而分手的。后来,我们也还保持着联系。而且,我现在的妻子也叫贝茜。我们的生活也非常美满。"

约翰·斯普林格尔也惊讶地叫起来:"天啊!太巧了。我们现在已经有两个孩子了。我的大儿子叫詹姆斯……"

"你说什么?你的大儿子叫詹姆斯?天啦,我的大儿子也叫詹姆斯。为了这么多的相同,我们干杯。"在深入地交谈后,他们又发现了另外两个相同点:他们各有一辆同一型号的湖蓝色高级轿车,还各有一只名叫"伊"的法国名犬。真是太不可思议了!

2. 爱情也"孪生"?

在同卵孪生子中相似性最大的,莫过英国约克城的一对孪生姐妹。

这对孪生姐妹的相貌、性格、思维、行动和爱好完全一样。她们都长得非常漂亮,都有着一头金黄色的头发。她们的眼睛大大的,对待事情都比较执着。而且,她们的爱情观、人生观

[神奇的惊天巧合]

也几乎一模一样。

对外界事物，她们几乎会异口同声地表达自己的感情，连声调都一样。甚至走路时，她们走路的动作也相同，说话时打手势以及手所指的方向也是一致的。她们如此相似，父母经常也弄不清楚到底谁是姐姐，谁是妹妹。

她们无论做什么事情都在一起。一起上学，一起下课，一起出去玩耍，几乎没有单独的时候。如果有人想把这对孪生姐妹分开，她们就会不自觉地哭个不停。

为了让她们能习惯各自活动，30年来，她们的父母跑了许多医院，但是都无济于事。

一天，这对孪生姐妹一起坐出租车，司机长得非常帅气，她们同时喜欢上了他，并且之后经常与这个司机约会。这个司机也说不清自己究竟喜欢哪一个，就这样与她们姐妹俩交往着。时间一天天地过去了，这个司机也不知道该如何处理这件事情，因为她们姐妹都疯狂地爱着自己。于是，为了避开麻烦，这个司机与别人结了婚。可是，这对姐妹经常尾随他。有一次，她俩竟然躺在这位司机的汽车前面，以示"抗议"。

还有一对墨西哥裔的同卵双胞胎姐妹，她们出生后不久，因为家里贫穷而被不同的美国养父母收养，从此天各一方。

这对姐妹一天天地成长起来。因为收养家庭的隐瞒，这对姐妹一直都以为养父母是自己的亲生父母亲。她们过得非常好，养父母一直把她们当作自己的亲生女儿对待。所以，她们一直都不知道自己的身世。

巧合的是，两个收养家庭竟都居住在美国纽约附近。

难以置信的是，这对双胞胎姐妹长大后竟先后认识了同一个男朋友！这对姐妹都非常爱自己的这个男朋友。

不过和上面提到的出租车司机不同，这个男人是先与这对姐妹中的姐姐分手，认识妹妹的。而且，是在一次非常偶然的情况下认识的。

他认识了这对姐妹中的妹妹后，惊讶于自己前后两个女友的惊人相似。他告诉现在的女朋友也就是妹妹说："你知道吗？我以前的女朋友跟你长得几乎一模一样。你相信吗？你们甚至连说话的语气、走路的姿态、穿的衣服都非常的相似。难道你们是姐妹吗？"

他的女朋友表示不相信有这么巧的事情，这个男朋友决定要证明给她看。于是经过他的安排，这对双胞胎姐妹终于相见了。之后，经过深入了解与调查，她们发现两人真的是姐妹，而且是孪生姐妹！就这样，这对双胞胎姐妹在骨肉分离20年后，终于奇迹般地相认了。

3. 尴尬的身份证

有一对孪生兄弟，哥哥叫赵江河，弟弟叫赵海洋，他们除了发型和衣服不同外，哥俩无论长相还是声音都一模一样。

他们老家在重庆市彭水县，兄弟俩是1981年11月出生的，哥俩从幼儿园一直到初中都在同一个班。1999年9月，哥哥穿上军装服兵役去了。之后，弟弟赵海洋到东莞打工。2001年10月，哥哥退伍也来到东莞，两兄弟在东莞又团聚了。

弟弟赵海洋的身份证是2000年在家乡办的。哥哥来东莞后，

[神奇的惊天巧合]

得知在外打工要办暂住证，而且存钱、取钱等均需身份证，于是让家里人帮他办了身份证。7月3日，当他接到家里寄来的身份证时，发现兄弟俩的身份证号码竟然完全一样。弟弟赵海洋的身份证签发时间是2000年6月30日，而哥哥赵江河的身份证则是2002年4月12日签发的。

重号的身份证给这对孪生兄弟带来了不少尴尬事。他们不敢去银行储蓄，也不敢去审验摩托车的驾驶执照，因为办理相关的手续是需要登记身份证号码的，两个号码一样，电脑肯定能查出来。"万一被银行认为你是冒领存款，那可说不清了。"哥哥赵江河担忧地说，现在兄弟俩都不敢一起上街，担心万一查身份证，发现两个号码一模一样，肯定会有麻烦。

最尴尬的是兄弟俩现在都谈了女朋友，也都到了结婚的年龄，然而结婚登记是要用身份证的，如果两人都登记，哥俩担心会被认为是重婚。

4. 谁才是真正的剽窃者

法国的罗伯·盖伊阿和罗伯·加罗迪是一对孪生兄弟，他们从孩提时代起就分居于法兰西的南国与北疆。因为他们的父母在他们3岁的时候就因为一方有外遇而离婚了。他们的父母离婚后，兄弟俩就再也没有见过面了。

罗伯·盖伊阿和罗伯·加罗迪两兄弟是长大后才各自从一些非常秘密的信件里知道自己还有一个孪生兄弟的。可是，当他们问起现在的父母时，他们的父母都表示说已经多年没有联系，所以也不知道对方究竟在哪里。后来,在他们各自的调查下,才终于联系上了。

不可思议的是,他们成年后都志立学医。两人对医学的痴迷让同学们都感到惊讶。当他们各自以优秀的成绩从医学院毕业后,分别在昂鲁和尼姆的两家医疗机构就业。

有一天,罗伯·盖伊阿和罗伯·加罗迪兄弟两人灵感来临,各自写下了一篇题为《精神治疗之研究》的文章。写下后,两人又不约而同地修改了一番。他们都觉得这篇文章写得还不错,于是就找到了法国《大众健康》杂志的地址,在同一天里投给了这家杂志社。

当编辑部的人员收到这篇文章的时候都惊讶了。由于这两篇文章的内容、段落安排以及措辞造句,甚至连标点都惊人的一致,这可使编辑部的工作人员满腹疑团了:"到底谁才是真正的剽窃者呢?稿件怎么会如此相同呢?而且,从他们的邮戳来看,他们是在同一天把这篇文章寄出来的。这真是太不可思议了。"

当编辑部的人员知道他们两个是一对双胞胎后,就更加惊讶了。医生说,这纯属一种天衣无缝的巧合。

5. 双胞胎可以"遗传"吗?

妈妈是双胞胎,又生下了两对双胞胎,这种巧合的事情于2004年8月13日真实地发生在美国人贾娜·莫里斯身上。医生说,这种情况发生的概率为百万分之一。

[神奇的惊天巧合]

更加令人称奇的是，诞下这两对双胞胎的13号刚好是莫里斯的34岁生日。如今，母亲、母亲的同胞姐妹、两对新双胞胎，都在同一天出生。这真是一个奇迹。

帮助她顺产两对双胞胎的美国宾夕法尼亚州兰可诺医院的工作人员说，莫里斯产下了两对同卵双胞胎，为一对男孩和一对女孩，母子5人均平安。

自己就是双胞胎之一的莫里斯说："这个'生日'对我来说实在是太特别了。我太高兴了。这是一个多么意外的奇迹与巧合呀。我的四个宝宝竟然与我一起过生日。我真是太幸福了。我的宝宝们都很健康。"

助产医生安德鲁·格尔森说，这种情况在100万组四胞胎中才会出现一次。也就是说，这是一个奇迹中的奇迹。

事实上，这一"奇迹"也掺杂了人工成分。此前已经有一个两岁儿子的莫里斯于1月接受了胚胎移植手术。为确保"万无一失"，当时医生向莫里斯子宫内一次植入两个胚胎细胞，没想到结果竟会如此出乎意料。

6. 同母异父的双胞胎

双胞胎姐妹是同母异父，这可能吗？

这对姐妹分别为玛利亚·埃琳娜和弗朗西斯科·哈比尔，与母亲在一起。但是，她们的母亲因前男友拒绝给孩子生活费，而将一直被认为是这两个小女孩亲生父亲的前男友告上法庭。为此，法庭让她们的母亲先在智利做亲子鉴定，结果却大出意料。鉴定结果显示，玛利亚·埃琳娜确实是这名男子的女儿，而她的妹妹弗朗西斯科·哈比尔的父亲却是另一个男人。

孩子的母亲矢口否认："这不可能，这两个孩子都是他的。他应该给两个孩子生活费。一定是弄错了。"但她后来在其他国家又做了三次亲子鉴定，都得到了同样的结果。

2001年，玛利亚·埃琳娜的父亲恢复给孩子生活费，但只给一个孩子。玛利亚·埃琳娜的父亲说："玛利亚·埃琳娜确实是我的孩子，可是另外一个女孩不是，我不可能给两个人的生活费的。"

科学家认为，显然这名妇女曾经在很短的一段期间内与两名男子发生性关系，这两名男子各有1个精子与卵细胞相遇，使其受精，然后卵细胞分裂而成为罕见的同母异父双胞胎。只是这种情况发生的概率很低，专家估计为百万分之一，科学家说这是一个奇迹的巧合。

链接：孪生同胞神秘的心灵感应

一位年轻的姑娘肚子疼的时候，有人告诉她，她的孪生姐姐因阑尾炎住进了医院。当她和母亲赶到医院时，姐姐已被送到手术室。她们只得在外面等候。等了好久还不见人出来，母亲说："手术大概快结束了吧！"双胞胎的妹妹却说："不，妈妈，我能感到医生割阑尾，现在医生刚刚开始手术。"果然如此，后来医生证实，手术的时间推迟了。

一位住在洛杉矶的妇女，她的同卵双胞胎妹妹因飞机坠毁而身亡。恰恰就在那时，她突然开始心神不安，并且感到全身

[神奇的惊天巧合]

炎热、剧疼，眼前漆黑一片，不久就传来了妹妹去世的噩耗。

另一对孪生姐妹出生后就分开了，直到26年后才重新团聚。一个住在美国缅因州，是个理发师，有一个名叫克里斯顿的女儿。另一个住在英格兰附近，也是理发师，而且也有一个名叫克里斯顿的女儿。

还有一对分离后又团聚的孪生姐妹，她们两人中，姐姐的儿子名叫理查德·安德鲁，而妹妹的儿子也叫安德鲁·理查德。

47岁的奥斯卡和杰克是一对出生在千里达岛的双胞胎兄弟，父亲是犹太人，母亲是德国人。他们出生不久，奥斯卡由母亲带到德国抚养，并且成为一个天主教徒。杰克则由父亲按照犹太人的风俗抚养，住在加勒比海一带，目前住在美国。这两兄弟的工作、生活和家庭状况都完全不同，可是当他们阔别40年后第一次见面时，却带着相同的眼镜，穿着同一类型的衣服，留着同样的胡子。在他们接受一组问题测验时，也显示出同样的态度和习惯。

布莱吉特和乐丝是一对现年39岁的英国籍同卵双胞胎姐妹。她们于第二次世界大战时分开，直到最近才见面。两人都带了7枚戒指，其中一个手腕戴了一个手镯，另一个戴了两个手镯。她们的女儿，一个名叫凯瑟琳·露易丝，另一个则叫卡伦·露易丝。唯一不同的是，生活在贫穷家庭里的乐丝有着一口坏牙。

迪拉和斯特拉是印第安那州的一对双胞胎。有一天，迪拉去参加狂欢节，斯特拉留在家里熨衣服，不小心被电熨斗烫了手。这时，她忽然感到一阵恐惧，恶心得直想吐，她预感将有不幸的事情发生。斯特拉立即奔向正在举行狂欢节的公园，看到很多人围在一架已经倒塌的滑车前。抬头望去，有个座舱在架子上晃来晃去，眼看就要断了，可怕极了，上面坐着的，正是她的姐姐迪拉。当抢险队把姐姐救下来时，姐姐跑过来看也没有看就问她："怎么又把手烫了？你什么时候才能学会使用熨斗呢！"

一对自小分居、寄养两地的双胞胎兄弟，哥哥在上海，弟弟在无锡农村。有趣的是1981年某天傍晚，两人都感到有一种莫名其妙的气恼情绪，结果都与他人吵嘴动武。从此，一个人在市区同人怄气时，在乡下的那个就会心里懊丧难受；在乡下的弟弟感到有人作弄他时，城里的那个哥哥也会闭门不出，免得受人欺负。

台北市曾发生一对双胞胎的妹妹猝死，姐姐闻讯20分钟后也出现求生意志薄弱的事情。这对孪生姐妹关系非常好，两人在母亲眼中相当于一个人。小时候，姐妹俩一起上学，一起下课，甚至一起喜欢上了英俊的班主任。不过，她们长大结婚后，就没有再住在一起了。当然，她们有时候会相约一起回家看望父母。

这天中午，孪生姐妹刚好在父母的家里，在原来住过的屋子里玩耍、聊天。姐姐突然发现身体不好的妹妹口吐白沫、眼神涣散，便赶紧叫来爸妈送她去医院。可是，因为没来得及，妹妹不治而亡。当爸爸告诉姐姐妹妹已经死了后，姐姐突然就眼神呆滞，并且不再说话了。爸妈害怕极了，当即把姐姐送进了医院。

湖南省浏阳市大围镇的一对孪生兄弟，竟于同月隔日亡故。

孪生兄弟吴炳汉、吴炳其出生于1919年12月29日。兄弟俩体格健壮，身体非常棒，10岁时便能够并肩当头牵水牛犁田。这

[神奇的惊天巧合]

让村里的人都感到不可思议。

到80岁，两人每餐仍能喝半斤白酒，并且经常在一起喝酒。两人从未红过脸。两人的许多爱好也是一样的，甚至有时候，兄弟两人的思想也是一样的。有时候，哥哥说出一句话，弟弟马上就可以接出下一句话，而且丝毫不差，这让兄弟间充满了乐趣。

最有趣的是，两人的妻子也是同月同日出生。这个巧合为家庭生活增添了许多意想不到的乐趣。两家人都和和美美的，无论有什么事都会互相照顾。

不久前，吴炳其突然病重，迷糊地连儿子、孙子都不认得。哥哥吴炳汉闻讯赶紧过来看弟弟的情况，一进门就直奔弟弟的床。本来迷迷糊糊的弟弟，听声音知道哥哥吴炳汉来了。奇迹出现了，他竟然坐起来，抱着哥哥痛哭，不想先哥哥而去。哥哥吴炳汉也哭了，他也不想弟弟死去。

一心惦念弟弟病情的吴炳汉在看完弟弟回家途中，可能是因为神情恍惚，意外地被拖拉机撞倒。因为撞得很厉害，吴炳汉于当日凌晨1时亡故。弟弟吴炳其闻知哥哥的噩耗，非常伤心，次日晨6时病故。

印度一对孪生姐妹在同一天结婚，活到114岁时在同一天去世。

孪生姐妹卡利和巴图利出生于印度中部的西耶市，两人从小感情就非常深厚。她们两人不但长得一模一样，就是兴趣爱好也几乎一模一样。巧合的是，她们同时爱上了各自的男友，又同时与男友谈婚论嫁。更为巧合的是，她们在同一天分别嫁入两个家庭，从此分开生活。不过，因为感情好，她们两个家庭之间经常来往,好得就像一家人。

但是,她们的丈夫相继因病去世。卡利知道妹夫也去世后,就对妹妹说:"妹妹呀,你的丈夫现在也去世了,我们就在一起住吧。这样也好有个照应呀。"于是,两人又再住在一起,共度余生。两姐妹共有125名孙子和曾孙,可谓儿孙满堂。

有一天,卡利突然感觉身体不舒服,家人赶紧把她送往医院。不幸的是,医院经过简单的检查,遗憾地对她的家人说:"对不起,她已经停止呼吸了。请你们节哀。"家人顿时哭作一团。

不知巴图利是否和卡利心有灵犀,她也差不多在同一时间,在家中寿终正寝,这两姐妹享年114岁。

卡利和巴图利的后人知道她们姐妹情深,决定将她们合葬,让两人永不分离。这在当地成为一时佳话。

芬兰一对70岁高龄的双胞胎兄弟在同一天先后因车祸丧生,出事时间只差两小时,而且两人都是骑自行车穿越同一条马路时被卡车撞死的。

据芬兰警方透露,这对不幸的双胞胎兄弟生于1931年,一个住在帕蒂约基,另一个住在拉海,两地距离仅有3公里。这两起车祸发生在芬兰首都赫尔辛基市北方约600公里的拉阿镇。这对孪生兄弟中的一人骑自行车通过那条马路时,没注意到一辆卡车驶来,卡车来不及刹车,当场被撞倒在地。出事时,正刮着暴风雪,能见度很差。当交通警察赶到时,他已经停止了呼吸。

两小时后的中午时分,孪生兄弟中的另一人中午时分骑自行车外出,天气已转晴,但路面很滑。在兄弟死亡地点南边一公里多的地方,穿越同一条马路。这时正巧一辆汽车通过,但

[神奇的惊天巧合]

他没有看到汽车后面还有一辆卡车,因而也被撞倒。当交通警察赶到时,他也已经停止了呼吸。当时,警察还感到非常奇怪,因为这两个人太相像了,简直认不出是两个人。经过调查,才知道是孪生兄弟。

当地一警察表示,第二起车祸的丧生者不可能知道孪生兄弟遇难的事情,因为警方直到第二起车祸发生前不多久,才辨认出第一起车祸的死者身份。这名警察慨叹道,这样的双胞胎兄弟还真少见,不但同日同地生,而且还同日同地死。难道真的是命中注定的吗?

同生共死

同年同月同日生的人有许多,但能成为夫妻的就很少了,能恩爱到老的就更少了。

1. 恩爱夫妻惊奇"七同"

南京有一对中年夫妻,住在朝天宫附近的张公桥小区,丈夫叫余建林,妻子叫江根红。在他们家,记者首先看的是他们的身份证,出生年月都是1960年12月13日,身份证号码也基本相同。

他们夫妻俩的经历有着神奇的相似之处,曾经经过反复核实，他们不但是同年同月同日在同一家医院同一个产房出生，而且几乎是同时来到这个世上的，都是早晨，先后进产房，出生时间相差不到5分钟。

除了上面的"七同"，他们还同血型、同托儿所、中学同校同届、同学历、同职业、父亲同单位同部门、母亲同单位同职业、在家同是排行老七、两家老大同届同班、两家同是八兄妹而且兄妹间出生相隔年数相同。除了这些相同点，更神奇的是夫妻俩在颈部右侧都有一个相同的肉痣，长的位置以及大小也基本相同。这些相同之处没有一处是刻意设置的，都是天然形成的。

或许是因为两个人身上有太多的相同之处，因此他们都特别珍惜这份缘。

广州番禺区市桥镇也有一对普通的夫妇吴贤洪和太太杨永松，他们也有"七同"：同年同月同日出生、血型同是AB型、同单位、同职业，而且还是多门自考课程的同学。

吴贤洪和太太杨永松都出生于1970年11月14日。按照吴贤洪的说法，两人出生地和成长历程绝对风马牛不相及，能走到一起只能用缘分来解释。

吴贤洪祖籍顺德，出生于清远，在韶关长大。1988年到番禺工作，先在一个电子厂上班，1992年进了番禺人民广播电台做节目主持人，一晃就是11个年头。杨永松祖籍梅县，出生于四会，在四会读书长大，第一份工作是在四会电视台做新闻播音员，1995年调入番禺电视台做主持人，是当年的番禺电视"第一张脸"。

同在番禺广播电视局共事几个月后，吴贤洪和杨永松在第一次相处的机会时，两人就一见钟情。此后，在一次出游，各自拿出身份证登记住宿时，杨永松惊奇地发现两人居然是同年同月同日生。一年后，1996年6月18日，他们走进了婚姻的殿堂。

七年多的生活里，许多有意思的事情接踵而来。两人性格爱好十分相近，逛街、旅游、唱歌等都是形影不离，做许多决定也是不约而同，只不过是谁先开口的问题；由于两人都太"唯美"，两年来保姆一换再换，至今已经换了不下60人；在事业上双方的追求十分一致，因而他们还是两门自考本科、两门自考大专的同班同学……真是天生的一对。

2. 4年后的同月同日同时

在西班牙首都马德里有一个名叫安东尼奥的人，他长得非常的帅气。不仅如此，他还拥有一份让人羡慕不已的工作：电视台娱乐节目的金牌主持人。自然，追求者与崇拜者很多。

不过，安东尼奥与其他影视圈里的人不一样，他对待感情绝对真诚。他很少与同事出去吃喝玩乐，下班后要么就在电视台学习，要么回家看看书。一句话：他的生活非常的简单、纯净，让许多崇拜他的人失望。可是，也正因为如此，他赢得了自己喜爱的一个歌手的爱情，她就是胡亚尼达。只要看电视和听歌的人，几乎没有人不知道胡亚尼达的。

胡亚尼达长期在外出差，所以两人在一起的时间并不多。可是，这并不妨碍两人感情的迅速升温。终于有一天，安东尼奥在买下了一大幢别墅后向胡亚尼达求婚。胡亚尼达面对真诚的他，当即答应了他的求婚，并且决定结婚后减少自己的工作量，这样对两人的感情有好处。

1966年，安东尼奥与胡亚尼达结为夫妇，婚礼办得非常隆重，当地的名流几乎都到场了，这给他们后来的婚姻生活留下了许多美好的回忆。婚后，胡亚尼达真的减少了自己的工作量，出差的次数也减少了，安东尼奥对她的牺牲非常感动。两年后的7月2日下午7时，胡亚尼达生下了一个胖小子，他们为他取名叫豪亚津。非常巧合的是，隔了4年，胡亚尼达居然在同月同日同一时间又生下了一个女孩。更令人惊讶的是，到了1976年，第三个孩子又在7月2日下午7时来到人间。这些惊人的巧合，使得他们相信他们的爱情是上天注定的。

3. 白头偕老，同生共死

四川省绵阳市游仙区街子乡二村有一对同年同月同日出生的夫妇，又于同年同月同日病逝，在当地传为佳话。

这对老夫妻男的叫赵永发，女的叫常桂英，同时出生于1904年3月24日。据说，两人是自由恋爱的。两人相爱之后，有一天赵永发问常桂英的生日，当她说出自己的生日后，赵永发惊喜不已，两人的生日竟是同一天。他们两个格外珍惜这段缘分。

自两人结婚以来的70多年中，他们夫妻二人从未发生过争吵，甚至从未红过脸，夫妻恩爱，相敬如宾。养育的三男两女都成才立业，孝顺识理，共有儿孙54人。

[神奇的惊天巧合]

  1997年6月3日，二老同时生病，被送进医院。晚上8点刚过，常桂英因抢救无效病逝。赵永发得知老伴病逝后强忍着泪，给儿孙们吩咐了他们死后合葬及另外一些身后事以后，大叫一声"老婆子，等等我"也于当晚11点长逝。两位老人享年94岁。

  村民说，这两位老人同年同月同日出生，又同年同月同日去世，应该算是一个奇迹。也许是上天赐予他们的缘分，毕竟，这样的事在这个世界上还是比较少的。

链接：母女婆媳同日去世

  四位属"牛"的老太太（分别为母女、婆媳）在同一天死去，这是2001年2月21日发生在南京的稀奇"巧"事。

  这对母女俩的感情非常好，她们住在南京市五佰村。女儿很孝顺，出嫁后把母亲也接了过来。母亲苏老太89岁了，身体一向比较好。可是，2月21日凌晨，母亲苏老太突然去世。

  65岁的女儿艾老太十分伤心，只要一看到母亲的遗物，眼泪就止不住地流。一家人强忍悲痛为苏老太举行了葬礼后，很快就将苏老太的遗体送往浦口东门火化场火化。

  当天，艾老太捧着母亲的骨灰盒离开火葬场准备登车返家时，忽然捧住心口喊疼，并一头栽倒在地。家人慌慌张张地把她扶起来，并且火速送往浦口医院。但是，医生仔细检查之后没有对苏老太进行抢救，而是非常遗憾地对她的家人说："人已经死了，再实施抢救也没有用了，请你们节哀吧。"

  巧合的是，该市大厂区的一对婆媳也于同一天死去。婆婆也是89岁，媳妇也是65岁。婆媳平日感情非常好，就像母女一样。婆婆也是当天早晨猝死,媳妇悲伤过度,一下子也病倒了。正当家人着急地找医生时,媳妇已经不行了,并于当晚离开了人世。

大家都觉得这实在太不可思议了。据说,这两家同于24日开追悼会,前者在浦口东门,后者在六合。

生日密码

世界上的万事万物中,有些事巧得令人难以相信。下面这些离奇的生日巧合,曾经引起人们极大的兴趣。

1. 成双成对的出生

英国伦敦比尔德家所有成员的出生日期凑巧得有点离奇,祖母、父亲、母亲和儿子的出生日期全部成双成对,分别是10月10日、11月11日、4月4日和6月6日。

当比尔德在11月11日出生时,祖母就为这个巧合高兴得合不拢嘴,因为她自己是10月10日出生的。比尔德长大之后在一家电子公司上班,公司有一个女孩叫罗丝,长得非常漂亮,追她的人非常多,比尔德也非常喜欢她。但是,比尔德觉得自己的条件平平,追求她的人又实在太多了。所以,比尔德没有抱任何的希望,只是淡淡地和她相处。正因为这样,罗丝觉得他

[神奇的惊天巧合]

这个人非常有意思，不像其他人那样做出一些令她厌烦的事情。有一次，两人同到一个景点去旅游，当相遇的那一刻，他们都惊喜不已。

从那以后，他们经常在一起。两人都喜欢旅游，所以经常相约去爬山。慢慢地，两人都被对方所吸引。一天，两人在街上散步，被罗丝的母亲看到了。罗丝的母亲一眼就喜欢上了比尔德，她高兴地对女儿说："你什么时候带这个帅小伙子去我们家做客吧，这个小伙子不错。"于是，比尔德顺理成章地成了罗丝的丈夫。

他们结婚的时候比尔德才知道，罗丝是4月4日出生的，这个巧合让他们非常高兴。他们觉得他们两人在一起是一种缘分，是上天的安排。

但更凑巧的事情还在后头。一年以后，他们有了自己的孩子，而且竟然是在12月12日中午12时12分出生的，巧合得难以置信。

2. 一家四代同月同日生

美国一个家庭四代皆同月同日生，这项稀奇而罕见的巧合评上了"吉尼斯世界纪录"。这就是美国威斯康星州密尔瓦基市的希德布兰家族。

希德布兰的儿子雅各与希德布兰本人、希德布兰的母亲及外婆皆出生于8月23日。

8月23日，满35岁的希德布兰与妻子金姆说："我们儿子的出生绝对没有事先计划，而是巧合中的巧合。我们谁也没有想到会真的有这么巧合的事情，尽管我们非常希望会有这样的巧合。"原来，他们的儿子雅各出生的时间不迟不早，刚好在预产期8月23日。

希德布兰的亲人原本就为家族中有三人同月同日生而高兴，金姆分娩前，他们也盼望新生儿能将同月同日生的亲属增加到四人。不过，他们问了主诊医生，主诊医生告诉他们，只有5%的新生儿会按照预产期的日子准时出生。

希德布兰与妻子金姆对儿子在这个特别的日子来到人间，感到分外欣喜。金姆在分娩后说："真是不可思议，婴儿就是要在今天出生。"

这个家庭已将此事告知吉尼斯世界纪录的工作人员，他们会把雅各的出生列入四代同月同日生的纪录。根据吉尼斯纪录，另外两个四代同月同日生的家族为1982年7月4日出生的美国人威廉斯及其家人，以及1997年3月21日出生的芬兰人特雅迪及其家人。

3. 一家人12个生肖

以出生之年的属相作为孩子的生肖是中国的一种民族文化，也是一种精准的纪年方法。中国历法有十二生肖，分别是鼠、牛、虎、兔、龙、蛇、马、羊、猴、鸡、狗和猪。在中国的浙江有这样一户人家，他们家族竟集齐了十二种属相，在当地传为美谈。

神奇的惊天巧合

这件巧合的事发生在浙江省东阳市巍山镇应村人赵鹤良家，他们家祖孙三代共12口人，恰好每人占一个生肖属相。赵鹤良出生于1941年8月，属蛇。他22岁时，与同村人卢素芳结婚，卢素芳生于1946年，属狗。他们结婚4年后，生下大女儿赵琳琳，琳琳生于1967年，属羊。一年后，赵家又有了一个儿子，取名赵向东，1968年鸡年生，赵向东的生肖为鸡。5年后，赵家又增添了一个属牛的女儿赵玎玎。

时光飞逝，转眼间，大女儿赵琳琳已经19岁。按当地的风俗，她与属马的阮荣伟订婚，并很快结婚。1988年3月，赵琳琳的女儿阮吉呱呱落地，给赵鹤良带来了第一个孙女。1988年是龙年，阮吉属龙。7年后，赵琳琳又生了第二胎，给阮吉带来了一个属猪的弟弟阮锦。

赵鹤良的儿子赵向东于1991年结婚，妻子方亚珍，属鼠。婚后第二年，她生下了属猴的儿子赵佳群，赵家又多了一个生肖。

赵鹤良的小女儿玎玎于1995年与属虎的丈夫结婚。这时，赵鹤良和老伴在无意间发现，家中11个人竟有11个属相，如果再有个属兔的，就凑齐十二生肖了。于是，在结婚的时候，赵鹤良把这一巧合告诉小女婿、小女儿，并希望他们夫妇能生下一个属兔的孩子。为了能让小女儿听自己的，他还承诺：如果真能在兔年生下小孩，就奖给他们夫妇一万元。

孝顺的赵玎玎为了满足父亲的愿望，果然没有立刻要小孩，而是等到1999年兔年，才生下儿子王超洋。至此，赵鹤良一家三代12个人正好占全了12个属相。

链接：离奇的生日巧合

北京房山女青年刘翠霞生于1962年阴历正月十二日凌晨4时，属虎。她是一个可爱的姑娘，在遇到了自己喜欢的男孩后，恋爱结婚。结婚后不久，他们就有了一个女儿。非常巧合的是，其女苏婷婷生于1986年正月十二日凌晨4时，也属虎。娘儿俩的生时完全是同月同日同时，婷婷表现出来的性格也与母亲十分相似，真是令人惊奇。

英国有一家庭，祖母、母亲和女儿各相差25岁，生日均为6月20日。祖母仍然健在，母亲的身体非常好，女儿也非常听话。这样的巧合使得这个家庭的关系非常融洽，因为他们觉得这是上帝的恩赐，是一种缘分。目前，这一家子的人都住在一起，谁也不想分开。

1982年7月4日，美国北卡罗来纳州威尔明市一个名叫拉·伯威廉斯四世的婴儿，在新汉诺佛纪念医院降临人世。这个婴儿的降生带给了这个家庭无穷的乐趣，因为拉·伯威廉斯四世的父亲、祖父和曾祖父均生于7月4日。其中，曾祖父的生日又恰是美国独立100周年纪念日，即1876年7月4日。这样的巧合使他们都非常高兴。一位数学家通过计算证明，像这种四代人生于同日的现象117亿人中才有一例。

[神奇的惊天巧合]

人在"囧"途

如果说双胞胎相似是因为有着相同的血液。那么，没有血缘关系却有着相似的面容，甚至相似的人生际遇，又该如何解释呢？事情就是这样巧合，一切皆有可能！

1. 同名同命，同时同地离婚

中国台湾苗栗县有两个同名同姓的妇人，都生有3名子女，都因丈夫好赌被拖累，不约而同地向法院诉请离婚获准。法官原先以为两案是同一人，得知两人同名同姓且际遇相同，不禁感叹造化弄人。

这两名谢姓妇人分别为58岁和47岁。年长的谢姓妇人结婚已36年，她告诉法官："我丈夫酗酒、好赌，经常打骂我，甚至有时候还拿菜刀要杀我。而且，他从来不帮我做事，整天游手好闲，靠我赚的钱来养活全家。更可气的是，他只要赌博输了钱就向我要钱，我哪有那么多的钱给他赌博？并且，他从来就没有赢过什么钱。所以，我不愿意给。可是，如果我不给，他就会打我。我觉得这样的日子过够了，再也过不下去了。请法院批准我们离婚。"

较年轻的谢姓妇人结婚20多年，丈夫同样沉迷赌博，积欠多笔赌债，常有人上门讨债，让家人提心吊胆。较年轻的谢姓妇人说："这样的日子再也没法过了。我一定要离婚。不离婚我就不想活了，因为债台高筑，我已经无力偿还，我丈夫竟将家中的金饰变卖，房屋、汽车都设定质押借款，并申办多张信用卡。真是太气人了。他这样子拖累家人，这样的日子再也无法过了。"

2. 同年同月同日，同一只手铐

2003年3月15日，台北一名17岁的叶姓女学生为了筹措生活费，在夜市贩卖盗版光盘被警方查获。巧的是，一名和叶女同年同月同日同时生的薛姓高中生，因为替友人庆祝生日，酒后骑乘摩托车也被逮入警局。两人被铐在同一只手铐上，一起被移送至少年法庭审理。

就读于台北市松山区某高职的叶姓女学生，深夜在饶河街夜市摆摊贩卖盗版游戏光盘时，被乔装买盘的松山区警员逮获。警讯中，穿着简单朴素、面貌清丽的叶女供称，她目前半工半读，为了多赚一点生活费，才利用晚上时间批一些盗版光盘贩卖，没想到第一天就被查获，血本无归。

一身流行服装的高二薛姓男学生，凌晨一时左右自南京东路某地下舞厅离去时，被路边巡查的保安大队以酒醉骑乘摩托车名义查获，送往松山分局侦办。不过，这名男生一脸满不在乎，他表示，自己是为了替女友庆祝生日，才花了2万多元，包场子大家愉快一下，当然要喝一点。

[神奇的惊天巧合]

叶女和薛男同时被送往刑事组,办案人员将两人铐在一起侦讯及制作笔录时,发现两人都是1985年12月26日生。仔细询问下,才知道二人恰巧又都是早上10时出生。

因为巧合至极,叶女和薛男两人感到非常惊讶,连员警都啧啧称奇,但也不禁暗叹两人家境的天壤之别。

3. 无血缘关系的"双胞胎"

埃米尔·玛吉斯和约翰·托勒看起来就像一对双胞胎,但是他们俩却没有血缘关系!

他们是在美国堪萨斯城的一家书店偶遇的。当他们彼此打量时,才发现自己跟对方竟长得就像双胞胎一样。那天,他们在堪萨斯城的一家书店面对面的偶遇了,虽然当时他们穿着打扮各不相同,但仍然好像是在镜子里看到自己一样。于是他们交换了电话号码,并急切地想要去调查一下他们是否有血缘关系。经医院权威的DNA鉴定后,证实他们根本没有任何的血缘关系,用埃米尔的话来说,他们的相貌竟能如此酷似而无血缘,只能说是上天的杰作。自从他们在书店相遇后,就成了好朋友。后来,他们又惊讶地发现,两人的妻子都是金发碧眼,而且都叫玛丽;他们都有4个孩子,年龄分别为7岁、9岁、10岁和12岁;都在银行工作;都喜欢收集邮票和硬币;最奇特的是两人在左肩上都有如鸡蛋形状的胎记。

不仅如此,两人还都是业余拳击手,都驾驶着1983年产的MG敞篷汽车,还都喜欢吃墨西哥菜肴。

约翰今年47岁，比埃米尔大2岁。托勒说："埃米尔和我长得几乎一样，虽然我们没有任何亲缘关系。实际上我们分别是在大西洋的两岸出生的，埃米尔来自比利时布鲁塞尔，而我是堪萨斯土生土长的。我们确定自己都不是领养的，所以不可能是出生时就分离的双胞胎。但是，我们真的就像一个模子里出来的，这太不可思议了。"

双胞胎能够相似是因为基因，那么，没有血缘关系却如此相似又该如何解释呢？

4. 全村"一张脸"

在印度马德拉斯邦班加罗尔城南部有一个奇特的村庄——哈拉贡南村，全村237人竟长得一模一样，这令人类学家惊讶不已。

德国著名的人类遗传学家比哈尔兹称之为"无系别现象"。比哈尔兹描绘他们的长相时说："他们具有共同的特征，即都长着一个圆锥形的鼻子，眼眉骨明显地凸起，都有厚厚的嘴唇，唇下都有皱纹。可以说，在他们之间没有任何特征，这是目前遗传学无法解释的，这真是一个奇迹呀！"

不过，考察队中的一位化学分析师在对当地的土壤和饮用水进行分析后发现，当地的土壤和饮用水中含有不少铂元素和铋元素。许多科学家认为，这类元素可能改变怀孕妇女的细胞、影响胎儿的发育，这很可能是造成这种无系别现象的原因之一。然而，更大的可能也许是哈拉贡南人同族通婚的缘故。

[神奇的惊天巧合]

"大家脸都长得一样,彼此如何交往呢?怎么认识对方呢?是不是经常会搞混呢?"考察队员问村里的人。

村里一位81岁的老妇人英迪拉·凯勃说:"我们不靠脸去辨别人,我们只需听说话声音、看走路的样子就能辨认出了。因为每个人说话的声音是不一样的,走路的样子也不会完全一样。"她还解释说,"其实,我们还是有区别的,有长得高的,有长得矮的;有长得胖的,有长得瘦的;有老的、少的,有男的、女的。再说,我们穿的衣服的款式、质地、颜色和饰物也不同,所以,我们互相辨认起来根本不困难。"

这究竟该如何解释呢?希望科学家们早日揭开这个"全村一张脸"的奥秘。

天国,我来了

世界上有些空难预言稀奇古怪,但有些竟真的准确预言了即将发生的灾难。对这些无法解释的巧合,中国人相信是上天的安排,西方人则认为是神灵的旨意。

1. 死在自己手里

古希腊时期,69岁的希腊悲剧诗人埃斯库罗斯死于非命。个性独立的埃斯库罗斯隐居在西西里岛一处叫杰拉的地方。公元前456年的一天，埃斯库罗斯在忙完农活后，出门散步就再也没有回来。让人意外的是，埃斯库罗斯竟然是被从天而降的乌龟砸死的。

原来，在西西里岛靠近海边的地方经常有秃鹰出没，它们捕获在海中的鱼类、海龟等动物为食。秃鹰在抓住海龟之后，会把它扔在岩石上砸碎，方便食用。埃斯库罗斯出门散步的那天，一只秃鹰刚好抓了一只海龟，准备找一块岩石把海龟扔在岩石上砸碎。突然，秃鹰发现地上有块岩石，就使劲将海龟扔了下去。实际上，"岩石"是埃斯库罗斯那早已秃顶的光头。海龟砸在埃斯库罗斯的头上，使他当场毙命。如此巧合怎能不让人惊讶？更神奇的是几年前，曾有神谕说埃斯库罗斯将死于天降之祸。

第二则故事的主角是古希腊著名的占卜家卡尔洽斯，他被公认为古希腊最著名的占卜家之一。作为占卜家，卡尔洽斯为无数人占卜过，但从来没为自己占卜过。他的一个朋友也是一位占卜家，看到卡尔洽斯在家里种葡萄，就预言卡尔洽斯将喝不到自己所种葡萄酿的酒。卡尔洽斯不以为意，只是细心照料自己的葡萄。等葡萄酒酿制成功后，卡尔洽斯准备举办一次宴会，一来宴请朋友，二来也证明朋友的预言不准确。宴会如期举行，在宴会上，卡尔洽斯举起酒杯向朋友致敬，而他的朋友仍然坚持自己的预言并非妄言。卡尔洽斯听闻此言，不禁哈哈大笑。不幸的事情就在这时发生了。卡尔洽斯因大笑过头，被口中的葡萄酒呛死了。果然，卡尔洽斯到死都没喝到自己的葡萄酒。

第三则故事是女主人公自己预言到自己的死亡。现代舞大

| 神奇的惊天巧合 |

师邓肯非常喜欢尼斯车行的毕格帝跑车。她向车行老板法尔凯托表达了这种喜爱之情，法尔凯托以为邓肯也希望买一辆同款的跑车，就邀请邓肯坐他的跑车兜风，顺便体验一下车的性能。邓肯非常兴奋，毫不犹豫地坐上跑车，并大呼"天国，我来了，朋友们再见"。

法尔凯托在一旁微笑不语，准备发动跑车。邓肯仍然在重复刚才的呼喊，并将肩上的丝巾甩起来。当法尔凯托发动跑车，跑车迅速飞奔起来时，邓肯的丝巾恰好缠在车轮上。悲剧就这样发生了，邓肯瞬间就被丝巾勒死。她刚刚说过的天国，真的就这样带走了她年轻的生命。

2. 用自己的钱把自己撞死

第一次世界大战期间，间谍彼得·卡尔平受命潜入法国，一边工作（工作只是为了掩人耳目），一边搜集各种情报。就在他认为可以顺利完成任务时，他被法国情报部门逮捕，是他的同事告的密。当然，这些是后来才知道的。被逮捕后的彼得·卡尔平一直不肯交代己方的情况，更不肯交代他已经获得的有关情报。于是，法国情报部门一直对他严刑逼供。

可是在卡尔平受尽了苦头之后，还是老实地交代了一切，因为他觉得这样耗下去是没有任何用处的。而且如果他交代了，也许还能够有其他的出路。不过，法国情报部门并没有因此就对他仁慈。

同时，法国一直封锁他被捕的消息，造成他还在法国工作的假象。法国人没收了卡尔平的薪水,直到他没法逃脱为止。

一个法国官员用没收卡尔平的薪水买了一辆汽车,他经常开着这辆汽车到处兜风。这一天,他照常开着这辆汽车出门了。天气非常好,让他心情顿时舒畅了许多,不过战争的阴影并没有彻底消失。在一个拐角处,汽车来不及刹车,在法军占领区撞死了一个人。这个官员赶快下车看究竟是谁,他惊讶地发现,这个人恰巧就是彼得·卡尔平。

3. 20年后,子弹终于击中了他

1893年,经营霍尼克洛乌牧场的亨利·席格兰特结婚后,又喜欢上了一个名门闺秀。席格兰特对此感到十分的苦恼,对妻子梅莉感到十分嫌恶。他看她什么都不顺眼,觉得她既长得难看,又没有什么趣味,整个人没有一点值得他欣赏。这个时候的席格兰特已经完全忘记了自己当初是如何追求现在的妻子的。正因为如此,席格兰特对待自己的妻子十分冷淡无情,经常无辜打骂。这让可怜的梅莉经常独自哭泣,她不知道究竟发生了什么事情,也不知道丈夫为什么不爱她了。终于有一天,梅莉伤心地自杀了。

梅莉的兄长对于席格兰特的行为感到无比愤

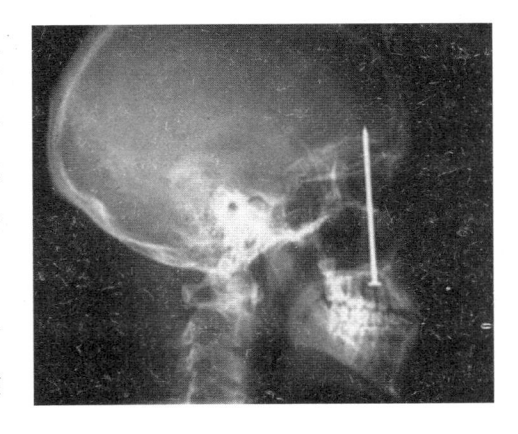

[神奇的惊天巧合]

恨，他知道是席格兰特害得梅莉自杀的，发誓要为梅莉报仇。于是有一天，梅莉的兄长带着手枪向席格兰特开了枪，但子弹从席格兰特的脸颊擦了过去，击中了身后的一棵大树。梅莉的哥哥以为自己杀死了席格兰特，接着就举枪自杀了。

逃过一劫的席格兰特终于与自己心爱的人在一起了。20年后有一天，席格兰特要把一棵大树砍倒。但因树太硬，于是他就用炸药来炸。当然，席格兰特并没有忘记，20年前从脸颊上擦过的那颗子弹仍留在大树上。他做好了一切准备后便点燃炸药。当炸药爆炸时，那颗嵌在树上的子弹弹了出来，正巧击中了席格兰特的头部。席格兰特最终一命呜呼了，命运让席格兰特还是死在了这颗子弹下。

链接：离奇巧合的死亡

这是一些离奇的死亡，巧合得让人难以相信。

1983年7月，一场风暴席卷意大利的那不勒斯市。一位名叫维多利亚·路易斯的45岁男子，在驾车返家途中被狂风连人带车吹落激流中，几经艰辛，他才打破车窗，挣扎上岸。正当他为自己庆幸时，一棵大树被狂风连根拔起，刚巧击中他的头部，路易斯就此一命呜呼。

1983年，洛杉矶厂主路达史华兹，在龙卷风中，侥幸从狂风荡平了的小型厂房中逃了出来，只受了轻伤。他当时还为自己庆幸。但龙卷风过后，他返回废墟视察，一堵未被摧毁的砖墙突然塌下，压在他身上，使他丧命。

1977年，纽约市有个男人在街道上行走时被一辆货车撞倒。

奇怪的是，他竟然没有受伤。正当他觉得自己很幸运，从地上爬起来准备离开时，一个过路人劝他说："你躺在地上不要动，假装受伤。这样，你便可以向保险公司索赔。"他觉得很有道理，于是听从劝告，横躺在货车前面。就在他躺下的时候，货车司机以为他已经走开，于是把车子开动，结果他被车子碾过，一命呜呼。

1979年，英国列斯市26岁的商店售货员和路达赫拉斯，由于一颗龋齿疼痛异常，而他又最怕见牙医，于是请他的朋友在他的牙床骨外重击一拳，希望把龋齿打落。他的朋友不好意思推却，于是打了他一拳。不料和路达赫拉斯被击中以后，身躯往后倒下，头部撞在一块凸起的大石上，头骨破裂而死。

死神也度假

很多时候，求生的人未必能生。但巧合的是，许多本来一只脚已经迈进棺材的人，竟离奇般地逃出了鬼门关。

1. 上帝的机会

美国有个叫珀维斯的年轻人。一天，他正在田地里劳作，突然来了几个警察逮捕了他，说他谋杀了密西西比州哥伦比亚市的一个农夫。珀维斯不知所措，立即找律师，请求法官裁决。

[神奇的惊天巧合]

然而，经过几个星期的调查，所有的证据都表明珀维斯是杀人凶手，12名陪审员一致认定他有罪，法官于是依法判处他死刑。谋杀罪名成立，珀维斯必死无疑了。愤怒的"谋杀者"百口莫辩，他痛哭流涕大声告诉所有的陪审员，他要活下去，要看着陪审员一个个死掉，陪审员不死，自己绝不会死。

1894年2月7日，年轻的珀维斯被推上绞刑架，即将以谋杀罪被处死。他的朋友、亲人都知道他是被冤枉的，很多人都来为他送行。站在绞架上的珀维斯几乎要崩溃了，他极度绝望，但是极不甘心。于是，他虔诚地向上帝祈祷，希望上帝能够给他一次机会，让他逃过这一劫。

祈祷完的珀维斯看着活门板，紧闭双眼，等着上帝的判决。

就在绞刑员把活门板打开的一瞬间，或许是上帝真的被感动了，绞索竟然松解滑脱了。珀维斯直接掉了下去，只擦破了一点皮，欣喜万分的珀维斯立即爬了上来。当执法员要再次将他推上绞刑架的时候，现场的几千人愤怒了，他们高呼珀维斯的名字，要求法官重新审判。他们信仰上帝，认为珀维斯不该死，上帝已经恩赐了他缓刑，否则他刚才就已经死了。

群众的呼喊声惊动了哥伦比亚市法院，法官看到刑场上群情激愤的众人，不敢断然再执行死刑。最后按照法官的要求，将珀维斯送回了牢房。

此后，珀维斯的律师多次向密西西比州最高法院上诉，但每次都以证据确凿为由被驳回。一年后，珀维斯再次被判为死刑，于当年12月12日执行。珀维斯对生命充满了向往，他在狱中写信告诉朋友们，他想活下去，最重要的是，他坚信自己是被冤枉的。朋友们看了珀维斯的信后，都非常感慨，联想到上次的意外事件，他们决定营救珀维斯。于是，在行刑前几天，珀维斯的朋友们劫了狱，并把珀维斯藏了起来。

珀维斯的案件引起了美国各界的关注。密西西比州最高法院几乎每周都会收到许多来信，有实名的也有匿名的，无一例外都是替珀维斯求情的。一个月后，密西西比州选出了新任州长。州长是位虔诚的基督徒，他相信珀维斯大难不死，是上帝在施以援手。他十分同情珀维斯，表示会重新审判珀维斯案件。珀维斯在得知这一消息后非常感动。

由于有新任州长和社会各界的关注，珀维斯的死刑判决先是被改判为终身监禁，后又被州长在州议会上提议赦免，并获得议会通过。

珀维斯被释放20年后，密西西比州一个叫比尔德的人在临终前，向法院承认，那个农夫是自己杀的，证明谋杀案确实与珀维斯无关。案发的时候，珀维斯只是恰好路过，并跟被害的农夫有过交谈，但并没有杀农夫。也就是说，珀维斯完全是被冤枉的。

冤案得以昭雪，这让那些支持珀维斯的人万分高兴，而判处珀维斯死刑的12个陪审员则备受世人诟骂。或许已经没有人记得当年珀维斯在法庭上的咒言：我要看着你们死去，你们不死，我是不会死的。这些出自愤怒时的诅咒，谁也没想到会成为现实。就在珀维斯死前的第三天，12个陪审员中的最后一个也死去了。

这的确是个令人不可思议的巧合。

[神奇的惊天巧合]

2. "死神"两次"弯腰"

在英国作家弗雷德里克·福赛斯的小说《豺狼的日子》中,有这样一段描述:职业杀手豺狼被雇佣刺杀法国总统戴高乐,当他在一幢六层的楼上找好射击位置,准备向距离130米之外的戴高乐的太阳穴扣动扳机的一瞬间,总统把头往前一伸,有如神助般地躲过了暗枪。

原来,那一刻戴高乐正好弯腰去吻他面前一位比自己矮一英尺多的人。这可以说是小说中最精彩的片段之一,然而这毕竟是艺术创作,是虚构的。但在现实生活中,类似的事情就真的发生过,艾丽丝·奥恩丝夫人就是当事人。

事情的经过是这样的。

1613年的一天,艾丽丝·奥恩丝夫人像往常一样来到自家的牛圈前,打开牛圈的门后,她看到女用人正在挤牛奶,忙得不亦乐乎。艾丽丝·奥恩丝夫人看到这个情景,不禁也想尝试一下。于是她就对女用人说:"让我也来挤一下吧!"说完就轻轻地弯下了腰。几乎在同时,从远处飞来的一支冷箭"嗖"的一声就从她头顶上掠过去了。这真是太惊险了,艾丽丝·奥恩丝夫人如果当时没有弯腰,那么肯定就被一箭夺命了。一个不经意的弯腰，竟捡回了一条命。

艾丽丝·奥恩丝夫人每次想起这次惊人的脱险，都会心悸良久。她把这次巧合看作上帝的保佑。为了感谢上帝的护佑，她在家乡建立了一所可以招收30多名学生的小学。这所小学后来被命名为"奥恩丝小学"，在400多年后的今天，仍然作为"不收学费的学校"存在着。

类似小说情节的巧合竟然在现实生活中上演了，真是太奇妙了。是小说真实地反映了现实生活呢，还是现实生活中本来就存在这么多惊人的巧合呢？我们无法做出解释。

3. 负心人做了替死鬼

捷克首都布拉格的一位家庭妇女维拉·捷马克，在一个非常偶然的情况下发现了丈夫藏在家里的相片与信件。相片是一个女人的，这个女人长得非常漂亮；而信件，是这个女人写给自己丈夫的。

维拉·捷马克浑身颤抖着看完了这些信件。从这些信件中，维拉·捷马克知道，她的丈夫已经与这个女人有了三年的婚外情，而且他们是在一次旅游途中认识的。最近，这个女人在逼维拉·捷马克的丈夫向维拉·捷马克摊牌，并且要他离婚与

[神奇的惊天巧合]

她结婚。

维拉·捷马克看了这些信件后感觉自己浑身冰冷。她是多么爱自己的丈夫,可是,丈夫却如此对待她。她回想起自己与丈夫恋爱的每一个情节,让她痛苦万分。她现在终于明白了丈夫的异常行为,说公司加班,经常凌晨才回家。星期六星期天都要出去,说是去见客户。她原来毫不怀疑自己的丈夫,因为她是那么爱他、信任他。可是,他原来是与别人约会去了。

她想到了自杀,于是写了一封遗书,遗书中她愤怒地谴责了丈夫。然后,她就从三楼跳了下去。她以为自己就此告别了这个世界,可是,她正好落在了一名刚刚从公寓底下走过的男人身上,冲撞力砸死了这个男人,而维拉只受了点轻伤。维拉·捷马克爬起来一看,这个男人正是她已变心的丈夫!这样的巧合让维拉自己也目瞪口呆。

4. 全部迟到,幸免于难

美国《生活》杂志曾报道,阿比特丽斯市某教堂定于1950年3月1日晚上进行唱诗成员的唱诗排练。但是,当晚15人全部迟到。

迟到的15人当然要接受负责人的盘问,他们各有各的原因。有人说:"我的汽车发动不起来,也不知道是什么原因,平时都好好的,而且今天上午我还开车出去遛了一圈呢。"有的人说:"我是因为服装还未熨好。本来我要我妈妈熨的,可是我妈妈为了给妹妹梳头发,就把给我熨服装的事给忘记了。而我自己也因为要扎头发而耽误了熨服装，我还因为这个埋怨了我妈妈呢。"有的人说："我同学突然来拜访我，因为有三年多没有见面了。所以我们非常高兴，我们聊了许多的往事，这些往事让我们都既兴奋又怅惘。我们交谈的时间拖得太久了，所以我就迟到了。本来我也知道迟到是一件不好的事情，而且我也知道自己快迟到了。可是，就是不知道是什么原因，我竟然没有把我同学赶走。这可不像我平时的风格。"有的人说："我下午本来准备好了要早一点过来排练的，可是，因为我下午没有吃饭，我就到饭店去吃饭。结果，在饭店吃饭的时候，粗心的服务员把我的衣服给弄脏了，我只好又跑到家里去换衣服……"

但是，谁也没有想到，好在他们在预定的7点15分一个也未到，因为7点25分教堂就爆炸了，这15名唱诗成员因为迟到全部幸免。

像这样15人同时全部迟到的离奇巧合，经计算，恐怕在100万人次中才有一次。

5. 大难不死，必有后福

"大难不死，必有后福"是中国的一句古话，说的是人在遭遇灾难之后如果幸存下来，就一定会有好的运气。这句话大多是安慰自己或者祝福别人，并没有什么科学根据。然而世间确实发生了这样巧合的事情，一名塞尔维亚男子连续死里逃生之后中了彩票，真是"大难不死，必有后福"。

[神奇的惊天巧合]

　　这名塞尔维亚男子名叫斯拉克，是一名音乐教员。斯拉克爱好旅行，节假日经常选择外出旅行。

　　1962年，斯拉克乘高速列车到贝尔格莱德。这趟从萨拉热窝开往贝尔格莱德的高速列车是刚刚开通的，极大地缩短了两地交通所用的时间。然而这趟列车上的旅客们很不走运，列车通过多瑙河时，突然出轨，一下子就冲进了河里。许多乘客溺水而亡，而斯拉克幸运地死里逃生。他打破列车的窗子爬了出来，并最终游上了岸。

　　就在当年的冬天，他在克罗地亚的斯普利特市乘坐公交车。意外的是，这辆公交车也像上次他乘坐的高速列车一样，冲出马路一头栽进了河里。那时的河水冰冷，许多乘客被冻死在了河水之中。然而，斯拉克竟然游到了安全的地方。为此，他还受到了克罗地亚国家电视台的专门采访。

　　还有更惊险的，发生在他从国外回家看望病重母亲的路上。那一次，他没有赶上当天的航班，于是请求航空公司在满座的飞机上给他找个空位。在斯拉克的一再恳求下，机长允许斯拉克跟一位空姐坐在一起。一路上，飞机安全平稳地飞行。然而就在飞机要着陆的时候，飞机的后舱门不知为何突然打开了。巨大的气流立即涌向机舱内，把坐在飞机尾部的斯拉克和空姐同时抛出了机舱。他们被抛下的高度有100多米，当时斯拉克想这下死定了。然而巧合的是，斯拉克落在了干草堆上，几乎安然无恙。可是与他一同掉下来的空姐却不幸罹难了。

　　回家以后，从来没有买过彩票的斯拉克买了一张彩票。几周后，他惊喜地得知他买的那一张彩票，竟然赢得了几百万英镑的大奖。这笔意外之财让斯拉克的生活有了很大的变化，他有了一辆新车、一套新房子,甚至还有一艘游艇。为了感谢上帝在多次事故中对他的垂青,斯拉克还为家乡建了一座新的教堂。

前世今生两茫茫

1. 这个男孩活过

英国电视台拍摄的纪录片《这个男孩活过》,讲述了一个男孩前世今生的故事,这个故事真实地发生在英国的一个家庭里面。

这个神奇的男孩名叫卡梅伦·兰姆,家住苏格兰格拉斯哥市。在刚刚会说话的时候,他就一边叫着爸爸妈妈,另一边则叫着巴拉岛。刚开始,他的母亲诺玛以为他是"自学成才",这么小就能说出地名了。可是一直到6岁,他都会时常说起这个地方,甚至有一次他竟然说自己曾经是巴拉岛的男孩。卡梅伦·兰姆告诉他的家人,他曾住在一个海滨的白房子里。更让诺玛感到寒心的是,卡梅伦经常提起他的妈妈——一个叫罗伯逊

[神奇的惊天巧合]

的妇女。卡梅伦不停地描述他曾在巴拉岛的快乐时光：白房子里有三个房间，还有一大堆的玩具，他在那里玩得十分开心。

巴拉岛是位于苏格兰赫布里底群岛中的大西洋岛屿，在南尤伊斯特岛西南约8公里处，面积不到90平方公里，岛上居民只有1000多人，是个毫不起眼的小岛。巴拉岛距离格拉斯哥市有200多英里，诺玛一家人也没有到过巴拉岛，卡梅伦是如何得知有这样一个岛屿的呢？

由于卡梅伦一直坚持要去巴拉岛，无奈的诺玛只好带他去那里看看。飞机上，卡梅伦告诉诺玛从他家的白房子里能看到海景，每天都有海鸥在海边嬉戏。

他们到了巴拉岛，卡梅伦兴奋起来，好像重回故地一样。当看到海滨一座白房子的时候，诺玛确定儿子没有说谎。果然，这座海滨的白房子与卡梅伦描述的一模一样，诺玛不禁有些担忧。卡梅伦飞快地跑向白房子，并大叫"妈妈"。可是没有人应答，因为这是一座空房子，里面没有人，家具也都已经搬走了。他们一起参观了这座空房子，确实如卡梅伦所说，这里有3个房间，从房间里能看到海鸥在海上翱翔。诺玛打听到这座房子的女主人真的姓罗伯逊，这让她感到十分震惊。

回到格拉斯哥后，诺玛立刻去寻求一些专家和研究者的帮助。专家对卡梅伦进行了综合测试，得出结论称他并没有说谎。可是他生来就有记忆，这件怪事儿让专家们也给不出合理的解释。

不过一些研究者发现，20世纪60年代，巴拉岛的居民中确实有位姓罗伯逊的妇女，他也有个儿子，只是度假结束后她的儿子就不见了。卡梅伦后来见到了这位姓罗伯逊的妇女，可是卡梅伦表示自己根本不认识她，或许是因为她已经很老了吧。

英国电视台播出这期节目后，引起了广泛的社会讨论。人们讨论卡梅伦关于巴拉岛的记忆是不是他的前世，卡梅伦跟这个姓罗伯逊的妇女是不是真的前世母子等问题。卡梅伦生下来就有记忆，并且这些记忆与事实分毫无差，难道世间真有如此巧合的事情，还是人真的有前生？

印度女孩斯娃拉特的奇怪前生则更加让人难以相信。她竟然告诉人们她曾经两次投胎，可是科学测试又表明她的大脑完全正常，思维也很有逻辑。

1948年出生的斯娃拉特家住印度的盘那panna。从刚会说话时起，斯娃拉特就说自己有前世，并且说前世生活在凯蒂利。在她的前世里，她已是两个儿子的母亲了，丈夫姓帕沙克。盘那和凯蒂利相距几百公里，对于斯娃拉特现在的家庭来说，没有一个人曾到过凯蒂利，更没有人见过或听说过姓帕沙克的人家。

斯娃拉特9岁的时候，父亲耐不住她的请求，就带她到凯蒂利去看看她前世的家。到了凯蒂利后，斯娃拉特竟然不用任何人带路，一个人领着父亲准确地找到了帕沙克家。她见到这家的男主人后告诉对方自己是比亚，男主人十分惊讶，因为他死去的妻子就叫比亚。她还准确地叫出了两个儿子的名字，一个叫迈利，另一个则叫卡托。她的两个儿子现在都已经十几岁了，比斯娃拉特还要大。当斯娃拉特与儿子独处的时候，情不自禁地流露出母亲对儿子的关爱。

更让人们吃惊的是，斯娃拉特知道帕沙克与他已经死去的妻子的一个秘密。帕沙克曾向妻子借了1000卢比急用，可是却一直

[神奇的惊天巧合]

没有还她。斯娃拉特说出这个秘密时,帕沙克感到十分震惊,因为这件事他们夫妇从没告诉过任何人。

这一系列离奇的事情所有的人都无法理解,只好求助于科学家。这件事也引起了美国弗吉尼亚大学史蒂芬森教授的兴趣,他为此专程采访了斯娃拉特,并根据她的描述和对她的观察测试,进行了长时间的深入研究。

史蒂芬教授不仅对她前世的情况感兴趣,对她从比亚向斯娃拉特的转化更感兴趣。帕沙克的妻子比亚是1939年意外去世的,而斯娃拉特则出生在1948年,这中间的几年成了史蒂芬研究的重点。斯娃拉特告诉他,自己死后,曾先投胎到孟加拉国的一个家庭,可惜只活了9岁就夭折了,之后就来到盘那。而且,斯娃拉特还拿出了证据,她会唱孟加拉国的乡村歌曲,并一边唱歌还一边跳舞。在盘那没有一个人懂得斯娃拉特的歌曲和舞蹈。史蒂芬请来了几位孟加拉的教授来观看她的表演,这些孟加拉的教授懂得这些歌曲和舞蹈,并且将它们翻译和解释给史蒂芬教授。

史蒂芬教授拿着这些歌词找到了斯娃拉特所说的前世地方的人,证明果然是当地人喜欢的乡村歌舞。史蒂芬教授认为这是现代灵魂科学的典型案例,还将它发表在美国第26届精神学研究协会的会议专辑中。

斯娃拉特头脑清楚,并且十分聪明,19岁时就拿到了大学工程学士学位,21岁拿到工程硕士学位,两年后在印度高等院校任教,成为印度年轻的大学女教师之一。

2. 法老宫女"借尸还魂"?

在埃及尼罗河畔的阿比多斯有座雄伟壮观的古庙,是埃及法老塞提一世为奥西里斯神所建的,几乎全部用华贵典雅的大理石和精美的浮雕建成。尽管古庙如今已经残缺不全,处处布满了岁月的沧桑,但仔细观察仍可依稀看到过去的高贵与辉煌。埃及是著名的文明古国,到这里来的游客大都先奔举世闻名的金字塔而去,对这座不太出名的古庙宇并无过多兴趣。但是多年以来在这座古庙废墟里住的一位名叫多罗西的老妇人却引起了人们的注意,因为她声称自己是埃及法老的宫女,并借尸还魂重返人间。

1903年,多罗西出生于英国伦敦一个富有的家庭。幼儿期发育正常,但是3岁时的一次意外事故改变了她一生的道路。1973年,她曾向人们诉说幼年的往事:她3岁时,一次突然从楼梯上摔下来,伤势很重,不久医生宣称她死亡。然而等医生带着护理人员准备来殓葬时,却惊讶地发现小女孩安然无恙。这个意外发生后不久,多罗西的脾气秉性、言谈举止一下子全都改变了。她常常躲在桌子和家具后面,又时常哭闹着要父母送她"回家"。父母对

[神奇的惊天巧合]

她身上发生的如此巨变感到莫名其妙却又不知如何是好，便想着带她出去走走。

有一天，他们全家参观大英博物馆，当进入埃及陈列室时，多罗西简直疯了。她无缘无故地开始拼命吻那些埃及石像的脚，并抱着装木乃伊的柜子，大喊着要留下来和"我的亲人在一起"。她母亲后来回忆说："她当时叫喊的声音又奇怪又苍老，把我们都吓着了。"还有一次，多罗西偶然看到一张埃及法老塞提一世所建的那座庙宇的照片，立刻对她父亲说那座庙宇才是她真正的家，并说她认识法老塞提，塞提对人很和蔼。自此，她开始在大英博物馆学读埃及的象形文字。

1930年，多罗西和一个埃及人结婚后就搬到了埃及，并改名乌姆·塞提。她做了20年考古工作助手。

1952年，她第一次到塞提所建的古庙和奥西里斯神坟墓据地阿比多斯朝圣。多罗西并不懂得现代埃及文，然而，当火车在一排石灰岩山岭附近停下时，她马上知道"回家了"并立刻飞奔至那座庙宇跟前。

1954年，多罗西又一次回阿比多斯，并准备在这里度过余生。从那以后，她在阿比多斯每天向奥西里斯神祷告，还做些庙宇的保养工作，成为古埃及奥西里斯神唯一生存在世的信徒。

难道她真的是法老的宫女吗？如果不是的话，这一切神秘事情又该如何解释呢？如果不是3岁的时候出现意外，她还会说自己是法老的宫女吗？或者，就是3岁的意外使她巧合地借尸还魂了？

这真的是无法解释。

3. 印度女孩的前世今生

1926年，有个小女孩在印度的德里诞生了，名叫香蒂·迪庇。香蒂刚出生时没有什么异常，可是到了7岁的时候，有一次小香蒂突然对她母亲说："妈妈，我以前曾在马图拉城居住哩。"还像煞有其事地告诉母亲马图拉和当初家中的情况。此后，香蒂又好几次提到此事。父母亲看到才7岁的女儿尽说些不着边际的话，很是担忧，就带她去看病。医生说："真奇怪，这孩子没有一点精神异常的症状，怎么会说出这些叫人难以相信的事呢？"

香蒂到了9岁仍然没忘记在马图拉生活过的事，说："妈妈，我以前说过在马图拉居住过吧？我在那儿结了婚，还生了3个孩子呢！我住在马图拉时名字叫露琪。"她还向母亲描述了3个孩子的特征和名字。

一天，有一个客人来找香蒂的母亲。香蒂一见到来人，突然叫了起来："妈妈，这个人是我从前丈夫的表兄！他也住在马图拉呢。"客人听到香蒂的话，惊诧不已，对香蒂的母亲说："没错呀，我以前是住在马图拉。可是，她怎么知道这件事的呢？这太奇怪了吧？"

事情传开后，引起了印度政府的重视，专门组成了特别调查委员会，把香蒂带到马图拉进行实地调查。香蒂出生后一直没有离开过德里，可是一到马图拉，她竟能用马图拉方言与来接她的当地人热情地打招呼，好像遇到了阔别已久的挚友。当

[神奇的惊天巧合]

她走到一间房子门前时突然停住了脚步，对旁人说："这里就是我从前住的房子。"她走进门去，指着一个老人说："他正是我从前丈夫的父亲呀。"接着，又认出了自己的两个孩子，还向人们详细地叙述了以前在马图拉的生活，讲到朋友之间的交往、附近的山水景色以及当时所在学校的情形。当地人听了她的叙述，都很吃惊，她讲的竟完全正确。"看来，香蒂是再生之人呀！"前来调查的人们不得不得出这样的结论。

1944年，有一个叫古普塔的女孩生于印度西孟加拉邦坎帕村，在她3岁的时候，常对家人说起之前她丈夫、女儿及一家人的生活琐事，还说她前生名叫玛娜，女儿叫米妞，丈夫和他的兄弟基图、卡基纳现仍居于帕德巴拉的拉塔拉，离坎帕村11公里。

古普塔请求家人带她回拉塔拉，家人从没听说过那个地方，古普塔说可以引路。古普塔的父亲后来经过调查发现，拉塔拉确有其地，而且真有一个名叫基图的人住在那里。他还查访到基图有一个嫂子名叫玛娜，数年前已去世，遗留下女儿米妞。古普塔的父亲好奇心顿起，觉得这太不可思议了。于是，他安排两家人见面。

1959年夏天，古普塔和父母一起前往拉塔拉，她带路来到"公公"家，把多年来提过名字的人一一认出来。最不可思议的是，她竟说出卡基纳的名字，人人只叫他做库图，连近邻也不知道他的原名。

古普塔认得屋内的很多东西，

还从一大堆别人的衣服中找到玛娜的纱丽服。这使得大家都觉得这是一件不可思议的事情，可是，又不知道该如何解释。

事后进行的调查显示，这两家人以前未犯过欺诈罪，也没有欺诈的动机。那么，这究竟是怎么一回事呢？所有这一切又该如何解释呢？我们不得而知。

难以勘透的"数字命"

清代纪昀《阅微草堂笔记·姑妄听之四》曰："精诚之至，哀感之灵，虽有命数，亦不能不为之挽回。"闻一多也说："反正自己的花无法再开，那命数你得承认。"

1. 戴安娜王妃的"492"预言

在戴安娜王妃身上有着不少的谜，其中最意想不到的就是她的香消玉殒。除此之外，还有一件，那就是神秘数字"492"和戴安娜的关系。492，是戴妃有意向大众传播媒介公开的，还是无意中"暴露"的数字呢？这个普通的3位数，在戴安娜心目中到底是不是一个同她的人生，甚至是命运密切相关的呢？这在人们心中都成了一个谜。

还没有从"20世纪最著名离婚"阴影中走出的戴安娜，在1996年9月里的一天，对伦敦儿童福利院进行了一次慰问。虽然

[神奇的惊天巧合]

事先没有向外界透露,可是,得到消息的记者们还是以最快的速度蜂拥而至。在福利院门口,记者们终于等到了戴安娜。他们惊讶地发现,戴安娜的服饰与以前的迥然不同,金发上戴着的居然是一顶海军军帽!更让他们感兴趣的是,帽子上还有几个清晰可辨的数字——492。于是,传媒以最快的速度报道了这件怪事。由此,也拉开了外界对这个数字的真正含义进行的种种猜测的序幕。

首先对"492"的真正含义做出解释的是英国工程师大卫,他率先提出了"王宫甜蜜日说"。大卫以为,"492"是戴安娜同查尔斯王子在一起真正幸福日子的数字。的确,戴安娜与查尔斯的婚姻曾被世界上认为是地球上最美满的珠联璧合。然而,这对"世纪婚姻"最后竟沦为"20世纪最著名离婚"。之后,人们才惊愕地发现,这名"选入王宫的灰姑娘"婚后的生活并不如人们所希望的那样美满幸福,她和王子也没有像人们所期望的那样白头到老。当然,他们的婚后确实也有过一段"铺满鲜花、洒满阳光的日子"。为此,就有人专门对他们"真正幸福的婚后生活"做了详细统计,结果发现,两人"甜蜜的日日夜夜"确实约为492个!这个结果再结合前面头上的"492",让人不禁吃了一惊,难道这是一个巧合?

不过,这一解释很快就遭到了非议。批评人士认为,戴安娜对查尔斯婚后很快就移情别恋这件事一直很不满意,对于这样的"甜蜜日子"肯定也会不以为然,所以根本不会将它标记在自己帽子上。虽说这种分析也不无道理,但是他们却没有能对此做出新的解释。

正当许多人寻找新的答案之际,奥利弗·霍尔向报界发表了谈话，认定"492"是戴安娜同他打电话的次数，这也就是后来的"电话次数说"。英伦三岛的人们都知道，霍尔是戴安娜同查尔斯分居后，仍然保持亲密关系的极少数男士之一。1995年，英国报刊曾经做过报道，霍尔曾多次接到神秘的匿名电话，接到电话后，对方常常都是长时间不说话，或者只是低声饮泣。霍尔知道，打电话的人是戴安娜，她以这种"此时无声胜有声"的方式向他倾诉内心的痛苦。霍尔记得总共有将近500次，但具体的数字他也记不清了，可是打电话的戴安娜却记清了共有492次。于是，人们猜测的热情再次被激起。

伦敦福利院事件之后，戴安娜还曾又一次在自己的帽饰上将"492"公开亮相。

1997年8月31日，戴安娜车祸丧命的噩耗传来，很多人在悲痛之余，对这一神秘数字的猜测再次有了兴趣。英国作家科林认为，这是戴安娜被情人带入地狱的一种预言。他对这种"宿命说"是这样解释的，在车祸前一晚，也就是8月30日，戴安娜答应了她的情人埃及大富豪多迪·法耶兹的请求，同乘一辆车。事后分析造成这桩悲剧的重要原因，就是这辆奔驰600的司机亨利·保罗的酒后驾驶。也可以说，是司机和情人带着戴安娜，一起命归黄泉的。于是，人们又联想到了这时的保罗和法耶兹两人的年龄又都是41岁，而这些加起来恰好又是492个月！这样，戴安娜的死就与"492"这个数字又联系在了一起，让她的离世显得更加神秘。

无独有偶，在我国的香港、澳门和台湾地区以及在欧美不少地方的唐人街、华人区，也都流传着这样一种"宿命说"，说"492"这个数字在我国的普通话里同"死酒后"是谐音的，这

[神奇的惊天巧合]

也就暗示着戴安娜会死于酒后驾车。

其实，不管哪种说法，在戴安娜身上肯定与"492"是有着某种必然联系的。这些都增添了戴安娜身上的神秘色彩。

2. 数字13与瓦杰帕伊的"姻缘"

在西方文化中，数字13是最为人所忌讳的。那他们到底为什么忌讳"13"呢？大体说来，源于两种传说。

其一，传说耶稣在受难前曾经和弟子们共进晚餐。当时，参加晚餐的第13个人正是耶稣的弟子犹大。后来也就是这个犹大为了30块钱，把耶稣出卖给犹太教当局，致使耶稣受尽折磨。由于，参加最后晚餐的是13个人，而晚餐的日期又恰逢是13日，于是，人们就认为"13"给耶稣带来了苦难和不幸。从此，"13"被认为是不幸的象征，成了背叛和出卖的同义词。

其二来源于北欧的神话。在哈弗拉宴会上，出席了12位天神。宴会当中，一位不速之客——烦恼与吵闹之神洛基忽然闯了进来。这第13位来客的闯入，招致了天神最为宠爱的柏尔特送了性命。

由于这类传说，特别是"最后的晚餐"的传说，在西方已经深入人心，还有达·芬奇的名画《最后的晚餐》，流传甚广。因此"13"成了西方世界最为忌讳的数字。然而曾三次出任总理的瓦杰帕伊却与"13"有着诸多不可思议的巧合。

2004年2月，印度总理瓦杰帕伊解散议会，呼吁提前6个月举行大选，希望能在经济增长的支持下再次当选。但是，他输掉了这次赌博,不但没有成功当选,反而被迫辞职。这一天刚好是5月13日。

其实,在此之前,瓦杰帕伊就曾多次与数字13有过不少"过节"。1996年,瓦杰帕伊遭遇执政生涯的第一次打击。当时他的印度人民党刚在议会选举中获得162个席位,成为议会第一大党。但是在13天后,由于印度人民党无法找到足够的党派或政治团体组建政府所需的272个席位,瓦杰帕伊只好被迫辞职。

1998年3月,瓦杰帕伊第二次宣誓担任总理,但就在1999年4月他却仅因一票之差在信任投票中失败,再次被迫下台。他执政的这段时间刚好是13个月。

1999年10月,以印度人民党为首的二十四党全国联盟在提前进行的第十三届人民院大选中获胜,瓦杰帕伊有幸第三次出任印度总理,并于10月13日宣誓就职。

2001年3月13日,瓦杰帕伊政府受到一宗武器行贿丑闻的打击,紧接着,同年12月13日,瓦杰帕伊阴差阳错地避开了议会中一个穆斯林叛军组织的袭击,而几名印度高级官员当时都在议会中,包括反对党领袖索尼亚·甘地和副总理阿德瓦尼。这次袭击导致了15人丧生,其中包括5名叛乱分子。

看了瓦杰帕伊和数字13之间这些千丝万缕的联系,让人觉得数字13有时候也并不是那么可怕。这真是一些不可思议的巧合。正因为这些巧合,瓦杰帕伊觉得自己与数字13有着非常复杂的感情。

[神奇的惊天巧合]

3. 邓丽君和猫王的生死数字

如果把美国摇滚天王猫王和邓丽君出生与死亡的时间相对，会发现有许多不可思议的巧合。

邓丽君和猫王都是红透半边天的巨星，不过，东方与西方的传奇人物到底哪里相似呢？有网友发现，邓丽君出生于1953年，猫王出生于1935年，他们的出生年份相减等于18，邓丽君和猫王都是1月份出生的。不但如此，更巧合的还在后头。两个人的死亡时间也相差了18年，1995年邓丽君过世，猫王1977年过世。巧合不只如此，邓丽君和猫王两个人都是在42岁过世的。两位东西方的超级巨星，出生与死亡的数字密码到底是巧合，还是冥冥中有什么定数？恐怕也只有老天爷知道了。

另外，台湾艺人许玮伦车祸身亡时，也传出许多无法解释的数字巧合。许玮伦往生的时间是在2007年1月28日，18年前(1989年)的同月同日，歌手王默君也因为赶通告出车祸而香消玉殒。和128数字巧合的还不只一桩，许玮伦著作《蛋蛋日记》的第128页讨论死亡议题，当时预计搬新家的日期也是1月28日。

两位玉女香消玉殒的日子竟成了巧合，连和许玮伦一起发生车祸的助理小乌龟，南投老家地址也是128号。128造就了一连串无法解释的死亡巧合，实在不可思议。

4. 杰克逊："7"伴随一生

杰克逊逝世日期为2009年7月7日，而杰克逊生前立下遗嘱的签字日期为2002年7月7日。这两个日期正好整整差了7年。

杰克逊生平事迹与数字7似乎特别有缘，例如他在9名兄弟姊妹当中排行第七；迈克尔这个名字由7个英文字母组成；杰克逊这个姓氏也由7个英文字母组成。

另外，这位男星最轰动的两首单曲《黑与白》与《比利珍》同样都在排行榜冠军宝座蝉联7周。

杰克逊最轰动的三张专辑《战栗》《坏》与《危险》，每张专辑都各有7首单曲挤入"公告牌单"排行榜的40首热门单曲榜。

杰克逊生于1958年，若以英文口语对于年份的习惯念法，可拆为19与58两个数字，而这两个数字加起来总数则为77。

链接：神秘的数字3

天主教枢机主教胡振中患有骨髓癌，于2002年9月23日6时在玛丽医院病逝，享年77岁。已退休的陈子殷神父在主持弥撒时，透露了胡枢机生前的一件事。他指胡枢机曾向同僚说，香港过往两位华籍主教徐诚斌、李宏基，先后于5月23号、7月23号病逝；按次序排列，自己会在9月23号去世。

结果胡枢机最终真的在自己预言的日子去世，巧合得令人

[神奇的惊天巧合]

难以置信。而且过去5位教区主教，同样均在"3"字尾的日子去世。最巧合是连同刚离世的胡振中在内，历任3位华籍主教，均在"23日"魂归天国。

第一任的恩理觉主教殁于9月3日；

第二任白英奇主教则于2月13日逝世；

第三任兼本港教区首位华人主教徐诚斌殁于23日；

第四任华籍主教李宏基殁于23日；

最后的胡振中枢机主教，亦殁于23日。

刚接任主教一职的陈日君的生辰是在13号。

历史上的数字巧合

一些重大历史事件之间总会有某种千丝万缕的联系，其中还有不少的数字巧合，往往令人惊叹不已。

1. 神秘的数字38

仔细研究，会发现关于数字38有不少的巧合，有人物和重大历史事件的巧合，有人物与人物之间的巧合，也有一些重大事件之间的巧合，还有一些其他方面的巧合。

下面先看看一些与人物和重大历史事件关联的数字38巧合，以年代的先后顺序为序：

洪秀全领导金田起义时刚好是38岁；

孙中山去世之前的38年，光绪皇帝开始"亲政"（1925-1887=38）；

斯大林去世之后的38年苏联解体（1991-1953=38）；

肯尼迪遇刺身亡38年之后美国发生"9·11袭击事件"（2001-1963=38）；

第一次世界大战爆发之后38年普京出生（1952-1914=38）；普京38岁的时候两德（东德、西德）实现了统一。

再看一下人物之间数字关联巧合。

道光皇帝38岁时嘉庆皇帝去世（1820-1782=38）；

慈禧太后38岁时同治皇帝开始"亲政"（1873-1835=38）；

斯大林38岁时肯尼迪出生（1879-1917=38）；

慈禧太后与光绪皇帝去世时列宁38岁（1908-1870=38）；

孙中山去世的时候，蒋介石38岁（1925-1887=38）；

赫鲁晓夫38岁时伪满洲国成立（1932-1894=38）；

宣统皇帝即位之后38年克林顿和小布什出生（1946-1908=38）；

普京38岁的时候十一世班禅出生（1990-1952=38）。

最后，看一些重大历史事件有关的数字巧合。

抗美援朝战争胜利之后38年苏联解体；

第一次海湾战争中多国部队对伊拉克实施了整整38天的狂轰滥炸。

除此之外，还有一些其他的巧合。

第29届奥运会于2008年8月8日在北京顺利开幕；

韩国与朝鲜在"二战"结束时分区占领，后来时以"三八线"南北划界；苏联正式解体，飘扬在克里姆林宫上空的"镰

[神奇的惊天巧合]

刀斧头红旗"落地的时间为19时38分。

另外，还有其他的一些算法依然十分微妙。譬如，把列宁的寿数54岁，与袁世凯去世时的年代数字1916年列一个减法算式（54-16=38），结果还是38；再把袁世凯称帝的年代数字1915年与38这组数字列一个加法算式（15+38=53），得数为53，又与斯大林去世的年代数字1953年吻合；把"二战"结束的年代数字1945年与38这组数字列一个加法算式（45+38=83），与袁世凯称帝的天数83吻合；把肯尼迪遇刺时的年代数字1963与38这组数字列一个减法算式（63-38=25），得数为25，与孙中山去世时的年代数字1925年吻合……

可以这样说，只要把38这组数字与任何重大事件发生时的年代数字列为算式，得到的都是异常微妙的巧合。

由此可见，数字38，奥妙无穷。

链接：另类数字微妙巧合

翻阅史书会发现在中外历史上有不少巧合，不论在中国还是在外国，不论是在亚洲、欧洲、非洲、澳洲、拉丁美洲，又或是世界的其他什么地方。可以说只要是发生在地球上的事，只要细心搜索，总会发现在关键之处的一些"另类数据"。

清代历史上就有不少这样的巧合。清朝的康熙皇帝在位时间最长，从1662年到1723年一共61年；慈禧太后策划的"辛酉政变"是从1861年8月22日咸丰皇帝在热河驾崩那天开始；从咸丰王朝1850年开始到1911年宣统退位，满清王朝一共延续了61年。巧的是，清王朝的末代皇帝宣统皇帝也是在他61岁这一年去世的。反过来，把61颠倒过来，也就是16，后金建国的年代数字正好是1616年，清兵入关又是在1644年，4乘4还是得出16这个数字。

接下来看看，数字30和19组成的数字巧合，微妙地演绎了祖孙三代皇帝的生死与继位，巧合得令人惊叹。清王朝的道光皇帝在位30年，他的儿子咸丰皇帝30岁时病死在热河；咸丰皇帝19岁即位，他的儿子同治皇帝也恰好在19岁这一年因病去世。

如此这般微妙的另类数据，在历史上可以说是俯拾即是，精妙之处也令人叹为观止。

2. 逃不出"3964"的世界杯

2002年的足球世界杯给人们留下了深刻的印象，赛前不被看好的巴西队最终捧起了大力神杯。尽管此前在1998年法国世界杯赛上曾获得亚军，巴西队此次在韩日世界杯比赛之前状态并不理想。就在决赛开始之前，桑巴军团还是出人意料地赢得了胜利。

在总决赛巴西与德国的冠军之争尘埃落定之后，关于"3964"的世界杯夺冠的数字巧合更加为人们广泛议论。在之前的世界杯决赛中，1978和1986年的冠军是阿根廷，1978+1986=3964；1974和1990年的冠军是德国，1974+1990=3964；1970和1994年的冠军是巴西，1970+1994=3964；1966和1998年的冠军分别是东道主英国和法国，1966+1998=3964。那么2002年韩日世界杯的冠军就应

[神奇的惊天巧合]

该是3946-2002=1962，再看一下1962年世界杯的冠军是谁，没错，就是巴西。

在沃勒尔教练的带领下，德国人在韩日世界杯的征程中一路高歌猛进，终于与桑巴军团会师总决赛。赛前德国队对巴西队的战术安排进行了深入研究，准备非常充分。比赛中，德国队中场施奈德很活跃，中卫拉梅洛很勤奋，然而却找不到好的"炮手"。那个在德国8:0大胜沙特的比赛中上演帽子戏法，用脑袋进球的克洛泽在浪费着一次又一次的机会，诺伊维尔的致命杀招也没能穿过马科斯镇守的关卡。上半场时，德国人的战术似乎很管用，占据着场上主动，控球时间也超过对手，但如此占据主动的德国人却在40分钟后才有了第一脚射门，而在此之前"3R"便已创造出多次破门良机。拉梅洛或许可以屡屡拦截"3R"，但若让他每次都拦截成功恐怕也有些难为他了。所以当德国人稍显冒进的时候，罗纳尔多便顺理成章地抓住了机会破门得分。

人们普遍认为在那次世界杯赛中，10年来最差的德国队踢出了最好的成绩，在几乎没有人看好的情况下，稳扎稳打地进入了总决赛，捍卫了欧洲强队的尊严。不过捧走大力神杯的最终还是巴西队，这一结果也与"3964"的世界杯夺冠数字完全巧合。

不管有没有人相信如同诺查丹马斯大预言般的"3964巧合"，但是事实就是这么不可思议。一个罗纳尔多伙同另两个"R"硬生生地捧起了大力神杯，似乎还不太费劲。

一切都是那么平平淡淡，却又那么出乎意料。在大力神杯第五次被巴西人捧起的时候，似乎让人想起"草草"二字。比赛草草地开始，然后草草地进行，最终草草地收场。最后的结果也与"3964"的夺冠巧合草草地吻合。

3. 20美元上的9·11

1998年印制的20元美钞，预示了2001年的"9·11事件"？这是巧合，还是未卜先知？在恐怖袭击事件后，好事的美国人从美钞中发现了玄机。如果将20元美钞按照特定步骤折叠后，能看到"9·11"事件中的恐怖情景：不仅有世贸大厦双子楼大火熊熊、黑烟滚滚的情景，也有五角大楼浓烟密布的场面，更有恐怖分子首脑本·拉登的名字和被劫持飞机的公司名称。这样的说法不能不说真是巧合得可怕，是否真有其事呢？

美国现行的20元美钞是1998年开始发行的。联邦印铸局早在发行前数年就开始征集图案，最终选择了现行方案，即正面为美国第七任总统杰克逊的肖像，背面为白宫的正面图案，白宫两侧是灌木丛，在背面的顶端有"美利坚合众国"（The United States of America）字样。发现者声称将背面图案朝上，上下对折，然后手持左右两边，向中间、下方折叠，将美元竖着观看，一副很惊人的画面就出现了：白宫的屋顶和地面吻合在一起，形成了世贸大厦双子楼的形象，而灌木丛酷似袭击时燃起的浓烟。将钞票翻转过来横着看，又好像是五角大楼正在燃烧。

如果换一种折法，更巧合的事情发生了。将20元美钞摊开，一点一点折起来，可以拼出"OSAMA"字样，这正是策划恐怖袭

[神奇的惊天巧合]

击的灵魂人物本·拉登的名字。有心人更进一步指出，折叠成飞机的形状时，人们就会发现"America"和"United"二字分别在两个机翼上，这与撞向世贸大厦的两家飞机所属的公司名称正好相吻合，其中一架飞机属于美国航空公司（American Airlines），另外一架属于联合航空（United Airlines）。

　　20美元的币值也颇有意思，因为袭击发生在9月11日，而9和11之和正是20。除了20之外，11这个数字也是恐怖袭击案件中诸多巧合的关键。人们在事件中发现了很多数字11的身影，比如9月11日当天是2001年的第254天，这三个数字之和正好是11；两幢世贸大厦并排的样子，也像极了数字11；第一架撞击世贸中心大厦的飞机公司编号也是11；该飞机上有92名乘客，9与2之和，同样是11。

链接：扑克牌与数字谜

　　扑克牌已经成了人们日常生活中不可或缺的娱乐项目。据研究发现，扑克不但堪称世界第一文化娱乐用品，而且作为西方纸牌的一种，其设计方案也包藏着无尽的学问：它是按历法设计的，在某种意义上，可以说是历法的缩影。

　　除去大小王，一副扑克中有52张正牌，表示一年中有52个星期；大小王是副牌，大王表示太阳，小王代表月亮。由于一年有春、夏、秋、冬四个季节，所以又分别用黑桃、红桃、草花、方块四种花色表示。其中红色的红桃、方块表示白昼；黑色的黑桃、草花则代表黑夜。另外，扑克牌中的四种花色还有不同的寓意：黑桃象征橄榄叶，表示和平；红桃是心形，表示智慧；梅花黑色三叶，源于三叶草；方块代表钻石，意味着财富。

每一季共有13个星期，因而每种花色都是13张牌；每一季度大约是91天，而把13张牌的点数加起来正好符合每一季度的91天。扑克牌中K、Q、J共有12张，不仅表示有12个月，又表示一年中经过太阳的12个星座。如果把J、Q、K当作11、12、13点，大王、小王为半点，一副扑克牌的总点数恰好是365点。而闰年把大、小王各算为1点，共366点，正符合闰年的天数。

至于扑克牌中的画像，也都是历史人物。每一花色13张牌，依次为A，第一点；K，国王；Q，王后；J，武士，以及10至2。红桃K里的国王是查理曼帝国的查理大帝，他是扑克牌中唯一不留胡子的国王；方块K里的国王是古罗马的恺撒，尽管他当时没有公开称王，但后人仍把他叫作凯撒大帝；梅花K里的画像则是亚历山大，曾一手缔造了地跨欧、亚、非三大洲的亚历山大帝国；黑桃K里的画像是公元前10世纪以色列国王索洛蒙的父亲戴维，因为他善于用竖琴演奏，所以这张牌上经常有竖琴图样。

黑桃Q是希腊智慧和战争女神帕拉斯·西娜，在四位皇后中，只有她手持武器；红桃Q是德国巴伐利亚人朱尔斯，嫁给了英国斯图尔特王朝的查尔斯一世；方块Q是莱克尔皇后，是雅各布的女儿，雅各布是旧约圣经中约瑟夫的父亲；梅花Q寓意着一个故事：英国以红色玫瑰为象征的兰开斯特王族和以白色玫瑰为象征的约克王族为了英格兰王位的继承权经过蔷薇战争后，取得了和解，并把双方的家徽结在一起，所以这位皇后的手上就拿

171

[神奇的惊天巧合]

着蔷薇花。

　　黑桃J是侍奉查尔斯一世的丹麦人霍克拉；红桃J是侍奉查尔斯七世的宫廷随从拉海亚；梅花J是阿瑟王故事中的著名骑士兰斯洛特；方块J是侍奉查尔斯一世的洛兰。

第四章
灾变·上帝的骰子

> 爱因斯坦曾经信誓旦旦地说:"上帝从不掷骰子。"但这些黑色灾难的巧合,究竟是不是上帝掷出的骰子?我们不得而知,毕竟我们所身处的,是一个远远超出你我想象的神秘世界。

[神奇的惊天巧合]

黑色巧合

尽管许多灾难已经过去，但给我们心灵所造成的创伤，依然隐隐作痛。可怕的是，悲剧居然以巧合的方式一再重演着。

1. 南亚强震海啸与巴姆强震同一天

2003年12月26日，伊朗巴姆古城发生的强烈地震导致了2万人死亡，震惊世界。

一年之后的同一天，可怕的悲剧再次重演。印尼当地时间2004年12月26日上午7时59分（北京时间26日上午8时59分），印度尼西亚苏门答腊岛附近海域突然发生了强烈地震。

一位来自印尼亚齐省的目击者表示，地震前天空晴朗、万里无云，没有任何征兆。但突然间，海边的城市就遭到了巨浪袭击。在部分地区，海水涨到了人们的胸口。印尼地震监测机构最初公布的报告称，这次强烈地震的震级为里氏6.8级，震中位于北纬3.6度，东经96.28度。然而位于美国科罗拉多州戈尔登的美国地质勘探局公布的监测结果却表明，这次地震的震级为里氏8.5级。数小时后，该机构又对震级进行了更新，将其调高至里氏8.9级。

意大利地震专家恩佐·博齐表示，26日大地震发生后，

"整个地球都在震动"。他同时表示，此次地震甚至对于地球的自转运动都产生了一定的干扰。美国地质勘探局的地质专家朱利斯·马丁内斯说："如此强烈的地震近百年来都十分罕见。"这是自1964年美国阿拉斯加里氏9.2级地震以来的震级最高的地震，也是自1900年以来震级排名第五的强震。

由于这次强震的震中位于海域，所以地震本身造成的人员和财产损失相对有限。然而地震引发的浪高达10米的海啸，却给许多亚洲国家的沿海地区带来了可怕的灾难。这次罕见的强烈地震及其引起的海啸已经在印度、斯里兰卡、孟加拉国、印度尼西亚、泰国、马来西亚、缅甸和马尔代夫等国造成数千人死亡，受伤和失踪者人数更是惊人。有目击者对印尼雅加达电台说，在北部的亚齐省，至少有数百人死于地震和随后引发的海啸。在最高达10米的巨浪袭击下，当地已有多家商店和小型建筑物倒塌，数千人在惊慌中撤离家园。斯里兰卡受灾程度最为严重，该国国内报道说，从该岛国东部沿海城市亭可马里到位于南部的首都科伦坡，这一段超过800公里的海岸线都遭到海啸巨浪袭击，部分地区的海浪高度超过5米。沿线的旅游胜地遭到严重袭击，多数被淹。斯里兰卡北部的姆图尔和亭可马里地区的部分地区也遭到袭击。

在印度泰米尔纳德邦，迷人的海滩受到海啸袭击后简直变成了露天停尸场，海浪卷着尸体冲向岸边。尸体留在沙滩上，惨不忍睹。据印度内政部长帕蒂尔公布的数据，该国南部已经有至少2016人在海啸中丧生。帕蒂尔说，在该国受灾最为严重的泰米尔纳德邦已经有700至800人死亡。在另一个灾情严重的安得拉邦，死亡人数也达到了200人。此外，在喀拉拉邦和其他

[神奇的惊天巧合]

地区，也都有数十人罹难。

海啸形成的巨浪像一头猛兽迅速扑向泰国南部地区，泰国著名的旅游地普吉、攀牙和甲米府都未能幸免，其中普吉岛受灾情况最为严重。海啸已经在泰国造成至少310人死亡，超过2000人受伤，死伤者中包括多名外国游客。马来西亚副总理兼国防部长纳吉布召开新闻发布会说，位于马来西亚西北的槟榔屿州和吉打州受灾情况最为严重，共有42人被巨浪夺走性命，包括多名外国人。

地震引起的巨浪还袭击了印度洋珊瑚岛国马尔代夫，马尔代夫首都马累大部分地区被海水淹没。马累岛上2/3地区被淹，部分地区水深达到1.2米。马尔代夫全国33万人口中的1/3居住在马累岛上。

12月26日发生地震，是否是巧合？根本难以捉摸。

2. 飞机撞楼演习成真

美国国家侦查局曾经在9·11袭击发生前，准备进行一次飞机撞大楼的演习，以检验下属对突发事件的应对能力。报道说，按照国家侦查局领导层的设想：当天早晨，一架出了机械故障的小型飞机将撞向他们位于弗吉尼亚总部四座大楼中的一座，对大楼造成一定的破坏。当然，他们不会出动真的飞机，但为了模仿撞楼造成的破坏，他们将封闭一些楼梯以及出口，让雇员们自己想办法逃生。

可没想到的是，2001年9月11日，纽约世界贸易中心就被两架飞机撞上了。来历不明的恐怖组织在美国时间2001年9月11日上午,向美国大都会纽约和首都华盛顿展开了有系统、有组织的恐怖袭击行动,以其劫来的飞机和炸弹攻击纽约世界贸易中心和华盛顿一带的政府机关,美国政府几乎陷入瘫痪状态。世界贸易中心两座塔楼在爆炸起火后相继倒塌,死伤惨重。首都政府机关被炸后冒起浓烟,情况危急。同样位于美国东岸的宾夕法尼亚州西部的匹兹堡有一架联合航空公司的巨型客机离奇坠毁,详情未明。

国家侦查局发言人表示:"很难相信会出现这样的巧合,几架飞机真的撞向我们的设施了。当真的袭击事件发生后,我们立刻取消了此次演习。"该发言人还表示,为了进行此次演习,他们已经筹划了好几个月的时间,但按照他们的设想,恐怖分子不会在其中扮演任何角色,这仅仅是一个意外而已。

3. 小说也杜撰不出来的空难巧合

美国"哥伦比亚号"航天飞机在高空分裂解体,导致7人死亡。这起震惊世界的意外事件,立刻令人联想到17年前相差不到几天,升空后即爆炸的"挑战者号"的悲剧。比较发现,两者有着惊人的相似之处。媒体认为,这些巧合是小说也杜撰不出来的情节。

纽约1010频道"天天赢"电台说,"哥伦比亚号"这次升空的时间,特地挑选了"挑战者号"升空周年的时间,用意就是纪念那组航天员。

[神奇的惊天巧合]

"挑战者号"的7名航天员包括美国各族群,"哥伦比亚号"的7名航天员也具备不同的种族背景,包括一名在印度出生的美国人以及以色列第一位航天员。

其他令人惊奇的巧合包括:载着以色列空军上校拉蒙的飞行器,在得克萨斯州东部一个叫作巴勒斯坦的小镇上空爆炸裂解。

纽约"天天赢"电台报道说,拉蒙最后一封给家人的电子信说,太空之旅无限的平静,他真希望"永远待在太空"。

这不是犹太人第一次参与航天飞机探险任务,不过却是第一次太空总署应拉蒙要求准许航天飞机携带犹太食物上太空。

"哥伦比亚号"在布什总统的故乡得克萨斯州上空爆炸后,残骸往东散落上千英里,亚拉巴马州和路易斯安那州都可以看见碎片。因为油料有毒性,太空总署警告民众千万别碰碎片。

1986年1月28日,"挑战者号"升空爆炸后,里根总统曾说,在冒险扩大人类活动领域的过程中,这类痛苦事件在所难免,可是"未来不属于怯懦者,未来属于勇者"。

航天飞机计划停顿了两三年后又继续执行。布什总统也称,在这次悲剧彻底检讨之后,航天飞机计划也将继续,"但愿上帝继续祝福美国"。

"哥伦比亚号"失事原因目前仍在调查,媒体提出的两大可能疑点:一是16日升空时,一片绝缘体脱落击中左翼,不过当时判断不影响安全;二是外体防热硅片在返回地球时脱落,航天飞机是以8倍于音速的高速飞行,因摩擦高热着火。

4. 通古斯爆炸与广岛废墟

1908年6月30日凌晨，在俄国西伯利亚森林的通古斯河畔突然爆发出一声巨响，巨大的蘑菇云腾空而起，天空出现了强烈的白光，气温瞬间灼热烤人，爆炸中心区草木烧焦，70公里外的人也被严重灼伤，还有人被巨大的声响震聋了耳朵。这次爆炸不仅令附近居民惊恐万分，而且还波及其他国家：英国伦敦的许多电灯骤然熄灭，瞬间一片黑暗；欧洲其他国家的人们在夜空中看到了白昼般的闪光；甚至远在大洋彼岸的美国人也感觉到大地在抖动……

当时俄国的沙皇统治正处在风雨飘摇之中，无力对此进行调查，人们笼统地把这次爆炸称为"通古斯大爆炸"。十月革命后，苏维埃政权于1921年派物理学家库利克率领考察队前往通古斯地区考察，不过，他们并没有找到爆炸的真正原因。此后，库利克又两次率队前往通古斯考察，并进行了空中勘测，发现爆炸所造成的破坏面积达2万平方公里。同时人们还发现了许多奇怪的现象，如爆炸中心的树木并未全部倒下，只是树叶被烧焦；爆炸地区的树木生长速度加快，其年轮宽度由0.4毫米~2毫米增加到

[神奇的惊天巧合]

5毫米以上；爆炸地区的驯鹿都得了一种奇怪的皮肤病等。不久"二战"爆发，库利克投笔从戎，在反法西斯战争中献出了宝贵的生命。至此，苏联对通古斯大爆炸的考察也被迫中止。

"二战"以后，苏联物理学家卡萨耶夫访问日本。1945年12月，他到达4个月前被美国投下原子弹的广岛。看着广岛的废墟，卡萨耶夫顿然想起了通古斯大爆炸，两者显然有着众多的相似之处：

爆炸中心受破坏，树木直立而没有倒下；

爆炸中人畜死亡，是核辐射烧伤造成的；

爆炸产生的蘑菇云云形相同，只是通古斯的要大得多。

特别是在通古斯拍到的那些枯树林立、枝干烧焦的照片，看上去与广岛的情形十分相似。为什么会如此巧合呢？卡萨耶夫产生了一个大胆的想法，通古斯大爆炸是一艘外星人驾驶的核动力宇宙飞船在降落过程中发生故障而引起的一场核爆炸。

此论一出，立即在苏联科学界引起了强烈反应。直到今天，通古斯爆炸与广岛废墟的神秘巧合仍然是一个谜。

5. 半空坦克击中潜水艇

第二次世界大战期间，英国运输舰"奥立弗·伯朗奇"号是一艘现代化的运输舰，它凭着现代化的技术与装备为战争立下了不少功劳。这不免让运输舰上的士兵粗心大意，因为他们认为这艘舰所向无敌。事实上并不是这样的。德国早就痛恨这艘英国运输舰了，决定想尽一切办法除掉它。于是，德国决定派出一艘他们当时最好的潜艇去偷袭英国运输舰"奥立弗·伯朗奇"号。由于运输舰"奥立弗·伯朗奇"号当时没有任何准备，也没有任何的防备，而且，德国这艘潜艇是从水下出其不意进行偷袭的，所以运输舰被炸得四分五裂，舰上的人全部遇难。霎时间，鲜血染红了海面。

德国的潜艇因为偷袭成功，所以非常高兴。可是，因为是在水下面，他们觉得庆贺得不过瘾。所以，他们决定到水面上好好庆贺一番。就这样，这艘德国潜艇得意忘形地潜出了水面，高兴地庆祝胜利。可是他们不知道，死神就跟在他们的后面。就在此时，英舰上一辆被轰上半空中的3吨重的坦克从天而落，恰恰落在潜出水面的艇中间，一下子把潜艇劈为两半，潜艇上的法西斯分子全部葬身海底。

绝非诅咒

有些巧合神秘莫测，它们的发生殊难预料，不是用概率论能够解释的。谁又能解释得清楚这一切不可思议的巧合呢？

1. 木乃伊带来的厄运

早在3000多年前的埃及，有一位叫亚曼拉的公主，她去世之后，其遗体按照古埃及习俗被制成木乃伊，葬在尼罗河旁的

[神奇的惊天巧合]

一座墓室之中。

　　1890年，四位英国年轻人来到埃及。当地的走私分子向他们兜售一具古埃及棺木，棺木中就是这位亚曼拉公主的木乃伊。其中最有钱的那个人，以数千英镑的高价买下了这具木乃伊。从此，这位在古埃及历史上默默无闻的公主便给他带来了一连串离奇可怕的厄运。

　　买下木乃伊的那个英国人将棺木带回旅馆几个小时后，没有人知道为什么，他竟然无缘无故地离开饭店，走进附近的沙漠，从此失去了踪影，再也没有回来。第二天，他的一位同伴在埃及街头遭到枪击，受了重伤，最后不得不将手臂切除。剩下的两个人也都先后遭遇了厄运，其中一人回国后无缘无故地破产；另外一人则生了重病，最后沦落到街头贩卖火柴。

　　这具神秘的木乃伊后来还是被运回了英国，但沿途依旧怪事不断。运到英国本土后，一位钟爱古埃及文化的富商将其买了下来。不久后，富商的三个家人在一场离奇的车祸中受了重伤，富商的豪宅也惨遭火灾。经历这样的变故之后，富商迫不得已，只好将这具木乃伊捐给了大英博物馆。

　　在运送木乃伊入馆的过程中，载货卡车失去控制撞伤了一名无辜的路人。然后，两名运货工人将公主的棺木抬入博物馆时，在楼梯间棺木失手掉落，压伤了其中一个工人的脚，而另外一个工人则在身体完全健康的情况下于两天后无故死亡。

　　亚曼拉公主的棺木后来被安置在大英博物馆的埃及陈列馆中。在陈列期间，夜间的守卫报告说，常常在她的棺木附近听见敲击声和哭泣声，甚至连陈列室中的其他古物也常发出怪声。不久之后，一名守卫在执勤时死去，吓得其他守卫打算集体辞职。因为怪事层出不穷，最后大英博物馆决定将木乃伊放入地下贮藏室。

事实证明，这一切都是徒劳的，因为还不到一个星期，决定将木乃伊送入地下室的博物馆主管就无缘无故地送了命。至此，这具充满诅咒的木乃伊已经声名大噪。有一位报社的摄影记者特地深入地下室，为这具木乃伊拍了一些照片，结果却在其中一张照片上洗出了可怕的人脸。后来，实际情况如何没有人知道，只知道这名摄影记者在第二天被发现陈尸自己家中，死因是开枪自杀。

不久以后，大英博物馆将这具木乃伊送给了一位收藏家。这位收藏家当即请当时欧洲最有名的巫婆拉瓦茨基夫人为这具木乃伊驱邪。经过了繁杂的驱邪仪式后，拉瓦茨基夫人宣布这具木乃伊上有着"大量惊人的邪恶能量"，并且表示要为这具木乃伊驱邪是不可能的事，因为"恶魔将永存在她的身上，任何人都束手无策"。最后，拉瓦茨基夫人给这位收藏家提出忠告：尽快将它脱手处理掉。

但是，这时已经没有任何博物馆愿意接受亚曼拉公主的木乃伊了，因为在之前的10年的时间里，已经有20人因为她而遭到不幸，甚至失去了生命。

然而，故事至此并没有画上句号。不久以后，一位不信邪的美国考古学家不顾亚曼拉公主木乃伊以前的可怕历史，仍然花了一笔可观的费用将她买下，并且打算将她安置在纽约市。

1912年4月，这位考古学家亲自护送她，将她运上一艘当时轰动造船界的巨轮，也就是"泰坦尼克号"。为了慎重起见，他还将她安置在船长室附近，希望她能安安稳稳地抵达纽约。可是，最终"泰坦尼克号"沉没了。

[神奇的惊天巧合]

2. 王冠上的蓝钻石

世界上最著名的钻石,要属那颗名叫"希望"的金刚石了。"希望"重量为1125克拉,原产于印度,后被偷窃运到法国,被一名宝石商买下。

因为这颗钻石太有名了,后来被法国国王路易十四知道后就买下了它。路易十四把它雕琢成两块心形的钻石,每颗重量67克拉,称其为"王冠上的蓝钻石"。

路易十四逝世后,继而由路易十六及玛丽·安东尼继承。1789年法国爆发资产阶级大革命,路易十六及王后被送上断头台,"希望"钻石也与其他王室珍宝一同被政府没收封存。

1792年,"希望"钻石又一次被盗,一度销声匿迹,直到1830年才又在伦敦重新出现。此时这颗钻石重量为44.5克拉,由英国实业家亨得·哈卜以9万英镑的高价买下。后来,由弗朗西斯·哈卜继承,但是,不久后弗朗西斯·哈卜就破产了。破产后,钻石流入东欧,一位王子曾把它赠给一位女演员。若干年后,这位女演员被王子开枪打死。

后来钻石一度被一名希腊富商占有,但他却在一次可怕的车祸中丧生。随后,钻石落入土耳其苏丹哈米德二世手中,他得到这颗钻石才9个月,就发生了1909年由青年土耳其党发动的军事政变,苏丹被赶下台。

艾浮林·维尔西·马克林太太是第一个占有"希望"钻石的美国人。她请人将它制成了一串由62颗白钻石组成的项链,又由著名法国首饰匠贝雨尔·卡尔梯加工,马克林太太为此付了18万英镑。正当她戴着这串价值连城的项链到处炫富时,不想却连遭不幸:两个儿子相继死亡,丈夫得了精神病。

1947年,马克林太太死后,珠宝商哈里·温斯顿买下了她所有的珠宝,包括"希望"钻石。也许是他对前人所遭遇到的种种厄运有所忌惮,1958年温斯顿把珠宝全部捐给了美国赛米斯·苏犬协会。

3. 世界末日的招灾电影

伊尔温·艾伦是现代灾难电影最早的编剧,他的《海神号遇险记》开创了20世纪70年代灾难电影的先河。电影讲述的是大邮轮"海神"号沉没的故事,"海神"号在圣诞节前的返航过程中被巨大的风暴掀翻,船上的船员和乘客绝大部分都葬身海底。一部分船员在牧师恩·哈克曼的带领下,突破重重困难爬出水面得以生还。这部影片在1972年10月上映,票房一路上扬,创造了当时影片票房的新高。巧合的是,当影片同月在英国上映时,英国的豪华邮轮"伊丽莎白皇后"号在大西洋沉没,也是只有少数人生还。

两年后,伊尔温·艾伦编剧参与导演的另一部灾难电影《冲天大火灾》上映。影片讲的是摩天大楼失火,人们如何在惊慌失措中逃生的故事。片子一上映就受到了影迷的一致好评。艾伦为了能扩大自己在灾难片方面的影响,准备将影片上映范围扩大到南美洲,巴西成为第一选择。于是,在同年的6月份,艾

[神奇的惊天巧合]

伦将《冲天大火灾》带到巴西圣保罗公映。巧合的是，上映的同月，巴西圣保罗焦玛大厦就发生特大火灾。因为逃生通道不足，这次火灾共导致近200人死亡，成为巴西死亡人数最多的大楼失火案。随后的几个月中，巴西境内又有三栋摩天大楼失火，情形颇似《冲天大火灾》。

此后，伊尔温·艾伦停拍影片数年。他四年后重返影视圈，以一部火山喷发的灾难片《末日》作为复出的第一步。可是，谁也没想到，就在《末日》上映的同时，华盛顿州的圣海伦斯火山爆发。这座火山是旅游胜地之一，每年前来观光的人络绎不绝。就在《末日》上映前的几个月，圣海伦斯火山一直声音隆隆，还不时喷出水汽和火山灰，这一切都预示着火山要喷发。然后，就在《末日》上映的同时，圣海伦斯火山大喷发。火山喷发导致美丽的景观完全改变，圣海伦斯火山不再是森林茂密、雪景映照，而是布满了火山灰。圣海伦斯火山的高度从喷发前的2950米减至后来的2560米。

圣海伦斯火山喷发时，冰雪融化，携带着碎石、泥沙冲入山谷。这种种景象比《末日》中火山喷发的景象还要可怕，少了许多特技，却多了更多的恐怖。

虽然伊尔温·艾伦在灾难影片界的崇高地位迄今无人能比，但是，这些神奇的巧合总是让人认为艾伦的电影是招灾电影。

此后，伊尔温·艾伦基本停止了灾难片的拍摄和编剧，退出了影视圈。可是，招灾电影的命运却没有结束。2004年，一部好莱坞大片《后天》，以精彩的特技和崇高的人文情怀打动了无数的影迷，成为当年票房最好的大片。《后天》讲述了因为人类的破坏，全球气候异常，而人类依然无知，最终导致大灾难的故事。影片中，寒冷的气候覆盖了整个北纬23度以北的地区，大西洋海平面上涨，淹没了整座城市。片中海水倒灌纽约的镜头，尤其让人触目惊心。而同年底，印度洋发生大海啸，数十米高的海浪呼啸着拍向海岸，与《后天》中的镜头极其相似。

4. 最倒霉的死亡之船

号称4万吨级的"夏仑霍斯特"号巡洋舰，是希特勒征召科学家们尽全力建造的，舰上配备最新式的电子装置，其航速之快、战斗力之强，连当时世上最庞大的英国舰艇也无可相比，堪称海中之王。

然而"夏仑霍斯特"号从开始建造直至最后毁灭，倒霉的事却接二连三地发生。因此，它是德国军最忌讳的，也被人们称呼为世界上"最倒霉的船"。

最初，该舰工事进行到三分之二时，船体无缘无故地突然断裂，使在场的61个工人死亡，110人受伤。之后船体重新修造完毕，计划将要为之举行下水典礼的前一天晚上，这艘倒霉的巡洋舰却神不知鬼不觉地自己离港，撞坏了两艘浮船、撞伤了船上的船员。

在炮轰尚未抵抗的"但吉"号时，"夏仑霍斯特"号上的舰炮炮门又突然破裂了，造成9名水兵死亡，11名炮手因炮塔的换气装置发生故障而全部丧生。

在同英国海军交战时，遭到英军"奥斯陆"号舰的猛力炮击，官兵死伤惨重，同时，舰体又严重失火，几乎导致沉没。

[神奇的惊天巧合]

在友舰"达奈杰纳"号的大力协助下,好不容易脱离危险,而勉强停泊在耶鲁贝港时,却又被在黑夜中误行航路的"布莱蒙"号舰撞个正着。"布莱蒙"号因而沉没,"夏仑霍斯特"号也受到了严重的创伤。

待花了很大精力修复后,"夏仑霍斯特"号驶出耶鲁贝港后不久,又遭到英国舰队劈头盖脸的轰击,"夏仑霍斯特"号最终彻底葬身于北海之中。舰上仅有两人乘橡皮艇逃离劫难,其他所有的官兵全部阵亡在冰冷的北海上。数月后,人们发现那两名士兵时,他们已死在了漂浮在海岸边的皮艇上。

链接:被诅咒的跑车

美国电影明星詹姆斯·迪恩在加利福尼亚学习表演和法律时,偶然在一次电视节目中走红。随后他离开加利福尼亚去了纽约,在百老汇名声大噪。他轻柔自然的表演打动了华纳兄弟娱乐公司,华纳公司与迪恩签了拍电影的协议。到1955年车祸去世之前,迪恩一共演出了三部影片,其中两部是在迪恩死后才放映。《伊甸园以东》《没有动机的叛变》和《巨人》赢得了广泛的好评,让美国人首次看到了"另一种风格"的表演。艺术家沃赫尔·安迪称迪恩"是我们那个年代被损坏却又有着美丽心灵的代表"。

1955年,詹姆斯·迪恩驾驶自己的名牌跑车兜风时死于车祸。他那辆被撞毁的跑车后来被拖到了一个修理厂里,在拆卸过程中,用千斤顶支撑的车突然坠地,砸断了一名修理工的腿。

该车发动机后来被卖给了一位医生,这位医生将发动机安装在了自己的赛车上。奇怪的是，这名医生后来开着赛车比赛时死于车祸。因为这样，有的人觉得詹姆斯·迪恩的这辆跑车非常不吉利，会给人带来灾祸。不过很多人不信这个，而且因为这是明星的车，所以很多人愿意买这台跑车，哪怕只是一个零件。

可是不久后，另一名购买了迪恩报废汽车方向轴的赛车手也死于车祸。迪恩汽车的外壳被人用来展览，展厅却突发火灾，事故原因一直不明。还有一次，它从展台上掉落，砸碎了一名游客的臀骨。或许这辆跑车真的是被诅咒的？

5. 魔鬼日的周期

俄罗斯哈尔科夫工学院的毕业生、工程学博士、克里米亚国立农业大学公共工程学教研室主任苏哈列夫教授的专业是应用力学，他对宇宙从未表示过兴趣。可有一次，他突然注意到，现实生活中的一些重大纯技术性灾害同天文预报说要发生的令人不快事件竟不谋而合，而且大部分重大灾害都发生在"魔鬼日"。

所谓的"魔鬼日"，星相家们指的是阴历每月的7天，即1、4、9、15、19、23和26日。作为一个坚定的唯物主义者，苏哈列夫得出结论：有一种"干扰

[神奇的惊天巧合]

因素"在对我们的地球施加影响。他花了5年的时间去研究,最后得出结论:地球之所以发生灾害,根源是太阳系的9颗行星和它们的7颗大卫星。

苏哈列夫形象地将它们比作由16枚发出低频波的"音叉"组成的"乐团",只不过它们发出的不是音波,而是重力电磁波。虽然这些行星和卫星在沿着自己的轨道不停地、不同步地旋转,有时难免也会产生和音现象——一个波与另一个波相重合。苏哈列夫称这种现象为"天体波共振"。

在将地球上发生的事件和天体扰动现象进行比较的同时,苏哈列夫还发现了许多巧合。当火星和土星同时发生"摄动"时,地球上便发生了三分之二的全球性灾难和12次大的冰川作用。有趣的是,在不少民族的神话中,火星和土星均被视为最危险的行星。而对地球的安宁有着破坏作用的另一对摄动体,水星和火星的"共振周期"可以称为"流行病的周期"。历史上几乎所有最可怕的流行病,像公元125年5月的奥罗西鼠疫,公元549年10月1日的查士丁尼鼠疫突发事件,公元1181年9月27日断送一半国人性命的德国感冒大流行,公元1655年9月25日欧洲毁灭性的感冒以及俄国和土耳其的鼠疫……都得算在它们的账上。

有趣的是,"褐色鼠疫"的出现也与水星和火星有关,正是在它们共振的那天——1933年1月30日,阿道夫·希特勒上台。宇宙中火星和地球的二部合奏则是地球上的水难之源,由此而引发的水难有:世界大洪水、1358年欧洲各国的大洪水、1955年4月29日"新罗西斯克"号战列舰在塞瓦斯托波尔海湾沉没、2000年8月12日"库尔斯克"号核潜艇在水底爆炸……

链接：三位幸存者同名

1665年12月5日，阳光明媚，一艘船在米内海峡航行。大家沐浴在阳光下，观赏着海峡周围的美景，让人们多日旅行带来的疲累都消失了，大家欢快地议论着、交谈着。可是，令人意想不到的是，这艘向来非常安全的船不幸卷入一个漩涡中后沉没了。船上81名乘客，只有一个名叫休奇·威廉斯的人活了下来。至于休奇·威廉斯为什么能够活下来，至今还是一个谜。

1785年12月5日，一艘载有60名乘客的船在大海中快速地航行。可是，因为这一天雾太大了，这艘船不幸触礁，船霎时间就破了一个大洞，船舱进水了。59名乘客不幸遇难，只有唯一一名生还者。巧合的是，这名唯一的生还者居然也叫休奇·威廉斯。

75年后，即1860年12月5日，一艘海船也在正常地航行中突然下沉。在下沉的过程中，大家都没有察觉。当大家意识到的时候已经太迟了，船上的许多乘客因为发现太迟而丧生。不过，船上的25名船员都幸存了下来，其中一名幸存者也叫休奇·威廉斯。

巧合的悲剧

哀叹惋惜之余，巧合也会让人体会到什么叫"天命难测，厄运难躲"。

[神奇的惊天巧合]

1. 致命轮回——有些事不能试

　　1957年，美国加利福尼亚的比辛格准备出去办事，出门的时候他还与家人微笑着说再见。在走过家附近的一座桥时，一辆汽车突然失去控制，当场把比辛格撞死。面对他的突然死亡，家人悲痛万分。

　　两年后，比辛格的儿子希拉姆出门，准备给家里人买一些日常用品，顺便给自己的儿子戴卫·威斯勒买生日蛋糕和生日礼物。儿子在他出门前还期待地对希拉姆说，希望生日礼物是一辆遥控玩具汽车，希拉姆答应了。

　　可是，当他走过两年前父亲被车撞死的同一座桥时，他的心神突然就恍惚起来，变得神志不清。他想，也许是自己有些累了。就在这个时候，他听到后面一辆卡车突然刹车的声音。接着，他就什么也不知道了。当他苏醒过来的时候，周围已经围满了人。当然，还有他的儿子戴卫·威斯勒。他艰难地睁开双眼，抱歉地对戴卫说："对不起，儿子，我可能无法满足你的生日愿望了，我……"话还没有说完，希拉姆就永远地闭上了眼睛。

　　6年后，比辛格14岁的孙子戴卫·威斯勒，也就是希拉姆的儿子在桥上玩耍。一辆小汽车高速驶过，威斯勒避让不及，就这样被撞飞了。威斯勒的同伴被吓得大哭起来，从此一直做噩梦。当地人从此就把这座桥叫作"死亡之桥"。

　　同样逃不掉轮回的，还有一个发生在英国的故事。

英国埃塞克斯郡的利莎·波特是一个不幸的孩子，她的父亲在一次意外中丧生，她是在母亲的辛苦养育下长大的。不过，利莎·波特的性格并没有因为父亲的去世而变得忧郁，相反，她似乎有一种超强的忍耐力，她是一个非常坚强的女孩。

1995年8月，利莎·波特与母亲一起走过埃塞克斯莫茨线铁路的铁道口。她的母亲说："利莎，你的父亲11年前正是在这个铁道口被一辆路过的火车轧死的，你肯定不记得了。因为那个时候你还非常小。可我一直都记得的，我不想从这里穿过去。"利莎·波特说："妈妈，别害怕，都已经过去这么多年了。再说，爸爸的在天之灵也会保佑我们的，我们过去吧。"可是她的母亲坚持改走另外一条路。

但是，利莎·波特觉得改走另外一条路的话浪费时间。她觉得这是母亲的潜意识里的恐惧在作怪，她认为要消除母亲的恐惧心理，自己就应该先穿过铁路。利莎·波特说："妈，这样，我先过去，你然后再接着过来。"于是她向铁路走去。

然而就在此时，一辆列车突然开过，将利莎撞死。利莎·波特的母亲当场晕了过去。

2. 严重错误——魔鬼可以一错再错

居住在美国亚拉巴马州的多里斯和谢拉姐妹俩平时都特别忙，两人都有自己的公司，再加上各自有儿女，所以平时难得见面。

虽然如此，姐妹俩的感情还是非常深的，还是会忙里偷

[神奇的惊天巧合]

闲，抽空和对方小聚。

这一天是星期天，多里斯突然很想见妹妹。她想，自己都快一年没有见到妹妹了，不如今天去找她，给她一个惊喜。于是，多里斯化了个淡妆，穿上妹妹最喜欢自己穿的衣服，收拾好东西，提着手提包就准备出门了。快出门时，她才对正在看报纸的丈夫说："我要去拜访一下我妹妹，我突然很想看到她，孩子就由你照看了。"丈夫爽快地答应了，并且说了声："路上开车小心呀！"当孩子吵着也要去时，多里斯拒绝了。

于是，多里斯开着汽车从家出发，沿第二十五公路朝妹妹家中行驶。巧合的是，妹妹谢拉也很想见姐姐，也开着车去姐姐家而没有事先告诉姐姐。然而，就在途中的某个路段，这对姐妹俩的车子不知怎么回事，突然就撞到了一起，姐妹俩当场死亡。

有时候，一些严重的错误一而再再而三地上演。

在美国的弗吉尼亚海岸，有一片地处百慕大群岛和佛罗里达群岛之间的广阔海域，总面积30多万平方公里，这就是闻名于世的百慕大三角区。自从16世纪以来，这片神秘的海域共失踪了数以百计的船只和飞机。专门从事海洋和航空事业的人对此谈虎色变，把这一海域称为"魔鬼三角区"或"死亡三角区"。

这片海域附近住着一对兄弟埃斯基恩和他的兄弟内维尔，两人相依为命。不过，他们从来不敢到这片海域来。

但是命运似乎不想放过他们。一天，埃斯基恩骑着一辆机动两用车出去办事，出门前还和兄弟笑笑说："再见啦。"在一条大街上时，一辆出租汽车似乎失去了控制，猛地向埃斯基恩的机动车撞来。埃斯基恩大叫一声，车当即被撞翻。当司机与车上唯一的乘客下车察看时，埃斯基恩已经没有了呼吸。内维尔听到消息后，悲痛万分。可是，交通警察调查后，也不知道是什么原因，竟然没有判那个司机的刑。这使得内维尔非常气愤，一直郁郁寡欢。

一年以后，就在埃斯基恩祭日的那天，内维尔想到自己哥哥的死，非常痛苦。于是，他想去兜兜风。他驾着哥哥曾经驾驶的机动两用车，来到了埃斯基恩被撞的大街上。巧合的是，当时那辆出租车的同一个司机也在拉顾客，而且拉的乘客竟然是一年前的同一个。也不知道怎么回事，那辆出租车竟然又失去了控制，朝着内维尔撞来。内维尔来不及避开，当场被撞死。就这样，兄弟两人先后被同一个司机驾驶的同一辆出租车撞死。两次事件发生在相隔一年的同一天，埃斯基恩和他的弟弟内维尔死去时都才17岁。

3. 飞来横祸——命中注定的意外

西奥多·迪利塞是美国布鲁克城雅各布斯区域莫比尔车站的收费员，他喜欢钓鱼，有时在海中钓鱼时会用来复枪对付鲨鱼。6月底，西奥多·迪利塞和别人合买了一条船，打算利用假日到洛克维海湾捕鱼。

这一天，他们驾驶渔船驶入洛克维海湾，找了个好地方，把鱼竿放到水里，等待各种鱼类上钩。迪利塞看见一只啤酒罐漂在浮标的旁边，就用随身带的来复枪瞄准练习射击。第一枪

[神奇的惊天巧合]

准确命中后,他又射了第二枪。

可是,第二枪他没有打中,子弹贴着水面飘了出去,就像打在钢板上反弹出去一样,只是这个反射的角度很大的。子弹穿越海面飘向沙滩,因为他们的船距离海岸不远,所以子弹的冲击力还是很大。子弹穿过芦苇丛后,飞上沿海公路,击中了一位正在驾车的女孩——娜沙·麦克尤芬,女孩当场死亡。

当时,子弹接近轿车时已经开始减速,威力已经不是很大了。只是娜沙轿车左边的车窗没有关上,子弹透过缝隙射穿了娜沙的后脑勺。当时娜沙开车的时速为40公里,子弹在车经过的一刹那钻入汽车,这样的概率该是多么小啊!娜沙·麦克尤芬当时只有17岁,她第一次驾车通过布鲁克城外的一条高速公路。这对她来说,这就是飞来横祸吧。

布鲁克城的探长西德曼和他的同事,按照正常的枪击案来调查,可是他们在案发现场搜索了几天也没有找到弹壳。几乎要放弃了,最后在莫比尔车站的办公室里跟收费员闲聊的时候,竟意外得知了事情的原委,因为那个收费员就是西奥多·迪利塞。

这种种的巧合造成了娜沙·麦克尤芬的意外死亡。探长西德曼经过周密调查取证和模拟试验后得出结论,确实是迪利塞射出的第二颗子弹击中了娜沙。然而法院无法给西奥多·迪利塞定罪,因为这种意外在国内外绝无仅有,没有先例可循。

无奈的宿命

这世上有太多的巧合，让人们惊叹、惋惜。冥冥中，似乎有一双眼睛，在注视着你的一举一动。

1. 国王与平民难得一起死

国王应该是一个国家中地位最尊贵的人，平民则地位普通，如果说国王与平民的命运相同，实在很难理解。然而，在意大利确实曾有过这样的事情。

意大利国王翁贝尔托一世，于1844年3月14日在米兰降生，1878年即位。翁贝尔托的一生处在意大利刚刚统一，并与欧洲其他强国争夺利益的时代。作为地位尊贵的君主，翁贝尔托没有想到，他的命运竟然跟一个平民的命运惊人的相似。

一个偶然的机会，翁贝尔托一世遇到了一个跟自己命运十分相似的人。1900年7月28日，米兰城外的蒙察举行一场运动会，主办方邀请国王参加闭幕式，并给获胜者颁奖。翁贝尔托一世在副官的陪同下前往。参加完闭幕式后，国王、副官二人到当地的一家饭店吃饭。吃饭时，国王意外发现，饭店的老板跟自己长相十分相似，甚至连身高、声音都很相近。最让人吃惊的是，这个店主也叫翁贝尔托。

[神奇的惊天巧合]

开心的国王立刻邀请店老板和自己共进晚餐。他们聊起了很多事，越聊越发现彼此有太多的共通之处。比如：店主也是出生在1844年3月14日，家也在米兰，也是在24岁结婚，且婚礼也在4月22日那天举行。国王的妻子名叫玛尔盖丽姐，店主的妻子也叫玛尔·盖丽姐。当然，她永远不可能成为皇后。另外，国王有很多小孩，有一个孩子叫维托里奥，店主虽然只有一个儿子，但也叫维托里奥。1878年1月9日，翁贝尔托加冕为意大利国王。同一天，店主翁贝尔托在蒙察开了这家饭店。

更巧合的事还有：因为国王是名人，很多人都认识他，店主也是其中之一。店主说，他和国王同时参军。1866年时，在军营里店主作为二等兵第一次见到当时身为上校的翁贝尔托。那年，他们同时获得了英勇勋章。1870年，他们同时站在军营的授勋台上，不过店主晋升的是中士，而国王晋升的是军长，成为军区的统帅。

如此多的巧合，让国王很是意外。为了纪念这些难得的巧合，他决定授予店主"意大利王室骑士"头衔。国王让副官第二天带店主去见他，准备在当地市政府颁发头衔。

第二天，店主穿上自己最好的衣服，准备去参加授勋典礼。然而就在他走出店门的时候，外面发生了枪击，一颗子弹直接击中他的头部，店主当场死亡。

在得知店主的死讯后，国王十分震惊。难过之余，国王决定参加翁贝尔托店主的葬礼，并让副官去安排。结果副官刚走出国王的房间，就有一个无政府主义者冲进来，对着国王连开三枪，其中两枪击中了国王的心脏。因抢救无效，翁贝尔托国王于当天去世。

2. 被"克"的法官——犯人与法院对抗到底

　　法治社会，给罪犯量刑、定罪必须由法官依照法律来决定。然而，有这样一个巧合，审判一个罪犯的前后5任法官都陆续去世了，而且去世的原因也不甚明了。

　　这个走运的犯人叫布莱克曼，是英国伊斯特本市的劳工领袖。他成为被告的原因是，没有向妻子支付赡养费。布莱克曼夫妇也有过快乐美好的时光，但久而久之，双方性格中的弱点就暴露出来了。二人经常大吵大闹，日子过得很艰难。布莱克曼忍无可忍，就向法院提出离婚。然而，在判决书上，法官同意布莱克曼妻子的请求，要求布莱克曼每月付给她一部分生活费。这一结果让布莱克曼十分费解，他认为既然已经离婚了，就应该自己养活自己，怎么能再让他付钱赡养呢？布莱克曼的妻子以他不遵守法院判决为由，屡次向法院提起诉讼，要求得到一部分赡养费。

　　20世纪20年代初，布莱克曼首次被起诉。由于一再拒绝支付赡养费，他被判入狱半年。然而，判定布莱克曼有罪的法官杜克，因年老多病，在某天工作结束后，突然昏倒在地，从此再也没有起来。

　　服刑半年后，布莱克曼出狱。他仍然拒绝付赡养费，于是再次被传讯。审判结束后，地方法官莫林诺斯郎宣判布莱克曼有罪。可是没多久，莫林诺斯郎就莫名其妙地得了重病，而且正当壮年的他竟然医治无效，最终去世。

[神奇的惊天巧合]

接连的判罚都对布莱克曼不利,后来已经没有律师愿意为他出庭了。布莱克曼只好自己辩护,这当然无法改变其败诉的命运。第三次出现在法庭的布莱克曼满不在乎,他坚持自己的看法。当然,结果似乎是注定的,他依然被判有罪。然而,就在布莱克曼被宣布有罪的几分钟后,法官竟突发脑出血,当场死亡。这在英国历史上也是为数不多的一次——法官死在法庭上。

经过三次审判的布莱克曼下定决心与法院对抗到底,巧合的是,法官再一次倒霉了。

那是他某一次从狱中出来的时候,赶上了法官麦卡尼斯的葬礼。奇怪的是,麦卡尼斯法官死前没有任何征兆,属于突然死亡。麦卡尼斯是在宣判布莱克曼第四次有罪后去世的。他的去世让人们开始惊叹布莱克曼的命运,他已经使四位审判他有罪的法官去世了。

最后一次审判来临了,人们开始密切关注审判官的命运了。1924年,布莱克曼最后一次被判有罪,这次宣布判决的是法官赫尔比。两个月后,赫尔比无故去世,没有疾病,也不是死于事故。

这一次次离奇的变故让人瞠目结舌,更让人感受到了布莱克曼的神奇。

3. 画中凶手——天网恢恢疏而不漏

10世纪末的俄国圣彼得堡,一位14岁的小女孩丽萨独自一人在家。这时,有人敲门说自己是她爸爸的朋友,丽萨一听是爸爸的朋友就给开了门。那个进来的陌生人趁丽萨去给他倒水的时候，从怀里掏出斧子把丽萨砍死了，然后偷走了丽萨家许多值钱的东西。丽萨的父母回家后，看到女儿的惨状悲痛欲绝。

画家波叶在一次朋友聚会中得知此事后非常气愤，于是就以这一悲剧为题材画了一幅油画，虚构了一个正要逃跑的凶手形象。

半年后，此画在圣彼得堡市展出时，人群中突然有人倒地，浑身抽搐。

原来此人正是凶手，他被画中酷似自己的凶手形象惊吓得丢了魂儿，凶手因此而被捕。

链接：12起惊人的巧合

1. 格林贝利希尔

1911年在一个叫格林贝利希尔的地方，谋杀埃特蒙德爵士的三名罪犯在伦敦被处以绞刑。而这三名罪犯的名字正好分别为格林、贝利和希尔。

2. 数字23

1932年，一个外号叫"荷兰人"、名字叫舒尔茨的酒贩子，在纽约23号街派人杀害了一个23岁名叫文森特·考尔的男子。舒尔茨本人也于1935年10日23日被人杀死，凶手的名字叫查理·沃克曼，被判无期徒刑，结果在监狱待了23年后被释放。

3. 野鹅

1974年11月的一天，诺伊尔·麦凯布一家正在他们坐落于英国得贝市金斯顿大街的家中欣赏弗兰基·莱恩的歌剧《野鹅》。突然一只加拿大鹅打碎玻璃，从窗子跳进了他们的卧室。

4. 空中落婴

1975年春天，在底特律市，一个婴儿从14层高的楼上摔下，落到正在行走的约瑟夫·费格洛克的身上。一年后又发生了同样的事，幸运的是费格洛克和这两个婴儿均没死。

5. 倒霉的路

1974年，弗兰克·克拉特沃西在一次晚宴结束后驱车返回位于萨默塞特市沃希福特路的家，途中不幸翻车。一小时后，从同一个晚宴出来的他的孪生兄弟杰克在同一条路上也翻了车。

6. 特殊的感谢

4岁时，罗杰·劳塞在马萨诸塞州塞勒姆的海滩被一名叫爱丽丝·布莱斯的妇女救起。9年后，在同一个地方，罗杰划动一只竹排进入水面，把一名男子从水中救起。该男子原来就是爱丽丝的丈夫。

7. 孪生兄弟

俄亥俄州利马市的詹姆斯·卢斯和俄亥俄州达顿市的詹姆斯·斯皮林格是一对孪生兄弟，但是他们出世不久就被分开了。他们各自的养父虽然互不相识，却同时给他们取名詹姆斯。这两个詹姆斯都娶了叫琳达的女子，后来都同妻子离婚。两人都给自己的第一个儿子取名为艾伦。两人都喜欢到佛罗里达海滩度假，两人都是6英尺高，180磅（1磅约为0.454千克）重，具有同样的爱好，都曾受过警官的训练。

8. 未卜先知的戏

1938年初，塔尔博特发表了独幕喜剧《在包格斯考夫斯基家》，该剧讲述了一个姓包格斯考夫斯基的人从巴黎卢浮宫博物馆偷走了一幅画。1939年8月15日，卢浮宫博物馆一幅画被偷，而窃贼真的姓包格斯考夫斯基。

9. 失而复得

1952年的一天，双簧管手高森斯在他家附近空地上遗失袖珍日记簿。一年后拾回，但已遭风雨打烂了。对面村里卖有报纸，他抽出一看，报上杂栏刊载的是19年前他结婚的事。

10. 同名同命

1746年2月13日，法国人杜巴雷被处决，犯的是弑父罪。整整100年后，即1846年2月13日，另一个名叫杜巴雷的法国人也因弑父罪而遭处决。

11. 岂非旁证

1678年10月17日，英国从政的治安法官高弗莱爵士被人谋杀，尸体被丢在伦敦格林培莱山上的一条沟里。有三人被捕，被控谋杀罪，他们的姓分别是格林、培莱和山。

12. 同生共死的发明家

1886年，美国人霍尔和法国人赫鲁特同时发现了从铝矿石中提炼铝的方法。更令人惊讶的是，他们同生于1863年，又都死于1914年。

[神奇的惊天巧合]

梦魇般的末日预言

未来虽是现实的延伸，但并非单纯的线性延伸。也正是因为未来的状况离我们尚且有一段时间和距离，对大部分人而言，未来的神秘性永远不会褪色。古往今来，对未来进行预言也一直为人们热衷。

1. 诺查丹玛斯和他的《诸世纪》

500多年前，法国有一位著名的预言家名叫诺查丹玛斯。他曾对未来发生的事情进行预测，并写下自己的预言。

在意大利滞留期间，他曾经与一位年轻修道士有过交往。诺查丹玛斯初次见到这位修道士的时候突然跪倒在地，喊道："啊，尊敬的教主！"后来，这位年轻的修道士佩里特果真成了塞克斯托恩五世教主。

弗罗朗比尔是一位领主，当他与诺查丹玛斯谈到有关预言问题时，随意指着院子中的两头小猪仔说："你知道他们的命运如何吗？"诺查丹玛斯当即回答道："那只白色的猪仔会被狼吃掉，而那只黑色的猪仔将会成为你的盘中餐。"弗罗朗比尔立即去厨房下令将白猪杀掉，用作晚餐。

不可思议的是，领主的家臣养了一只小狼仔，小狼仔趁人不注意时，竟然将猪肉偷食一空。下人无奈，只好自作主张将黑猪仔杀了做成菜肴，端上了餐桌。吃饭时，弗罗朗比尔十分得意地对诺查丹玛斯说："那头白猪已经在餐桌上了！"可是诺查丹玛斯则坚持说："餐桌上的不是白猪，而是黑猪。"双方争执不下，只好把下人叫来询问。下人无奈，只好说出了事情的真相。

1555年，诺查丹玛斯发表了一本最著名的，以法国古诗体裁写成的预言书——《诸世纪》。后来，他凭着神奇的预言能力，得到了法国皇后凯瑟琳的青睐，因为凯瑟琳皇后对于占星术以及超自然的神秘事物，有着浓厚的兴趣，因此，有一段时间，诺查丹玛斯住在凯瑟琳皇后的庄园中。就在这个时期，诺查丹玛斯准确地预测了凯瑟琳皇后的丈夫哈瑞二世的意外死亡。

与同时代的其他占星预言家相比，诺查丹玛斯不只占星，而是借助一种神秘的超自然力量，将他的预言写下来。他所写的《诸世纪》一书共有942首诗，虽然有些行星及星座方面的引喻，但都是他借由观看水晶球，进入一种神秘状态时写下来的。因此，他也算是一位神秘学家。

诺查丹玛斯甚至预言了美国的"9·11"事件。在他的著作《诸世纪》中曾写道："大火将降临这座繁华的新城市……"后世的一些解读者曾经根据这本预言书，推测出这座发生大火的城市就是美国的纽约。

除了对将要发生的灾难做出预言，诺查丹玛斯还能对自己的未来进行预测。他曾经说，自己将在1566年7月2日去世，结果就真的应验了。在去世之前，他曾要求一个朋友为他刻一块石碑，死后随他一起下葬。石碑上刻的内容是什么，只有他们

[神奇的惊天巧合]

两个人知道。他死后,他的朋友也没有将石碑上所刻的内容告诉别人。

人们对石碑上的内容非常好奇,随着时间的流逝也与日俱增。到了1770年,人们决定将他的坟墓挖开,看看石碑上究竟写的什么。墓穴打开后,在场所有的人都惊呆了,因为石碑上刻的正是1770。原来他早已经知道自己的坟墓将在这一年被人挖开。

2. 玛雅的古老预言

玛雅历法说,根据玛雅预言显示,现在我们所生存的地球,已经是所谓的"第五太阳纪"了。到目前为止,地球已经过了四个"太阳纪",在每一纪结束时,都会上演一出惊心动魄的毁灭灾难。

第一个太阳纪是马特拉克堤利Matlactilart(根达亚文明时期),也叫超能力文明时期。相传在那个太阳纪,人们身高1米左右,男人有第三只眼,翡翠色,功能各有不同,有的可以预测未来,有的具有杀伤力……女人没有第三只眼,所以女人害怕男人。但是女人的子宫有神的能力,女人怀孕前会与天上要投生的神联系,谈妥当了,女人才会要孩子。根达亚文明毁于大陆沉没,由于很少有资料提及,所以没有什么现代的理论依据。

第二个太阳纪是伊厄科特尔Ehecatl(美索布达米亚文明时期),它是上个文明时期(根达亚文明时期)的逃亡者的延续。但是人们把以前的事忘却了,超能力也渐渐消失了。到了美索布达米亚文明时期,男人的第三只眼开始消失。他们对饮食特别爱好，发展成为各式各样的专家，所以又被称为饮食文明时期。美索布达米亚文明发生在南极大陆，毁于地球磁极转换。但以上只有少数资料有提到过，也没有什么现代的理论依据。

第三个太阳纪是奎雅维洛Tleyquiyahuillo（穆里亚文明时期），也称生物能文明时期，是上个文明（美索布达米亚文明时期）的逃亡者的延续。美索布达米亚文明的先祖开始注意到，植物在发芽时产生的能量，而且这个能量非常巨大。经过一个世纪的改良，发明了利用植物能的机器，可以放大能量，该文明毁于大陆沉没。但以上只有少数资料有提到过，同样，没有什么现代的理论依据。

第四个太阳纪是宗德里里克Tzontlilic（亚特兰蒂斯文明时期），也叫光的文明时期，是继承上个文明，而不是延续。因为，亚特兰蒂斯传说是来自猎户座的殖民者，他们拥有光的能力，在火雨的肆虐下引发大地覆灭。早在穆里亚文明时期亚特兰蒂斯就建立了，传说，后来这两个文明还打过核战争。

前几个太阳纪，都因为证据不足而无法得到证实与合理解释。但据玛雅人的"卓尔金历"所言：我们的地球现在已经在所谓的"第五个太阳纪"之外了，是玛雅历法未曾料到的时期。在之前的这一段时期中，我们的太阳系正经历着一个历时5100多年的"大周期"，时间是从公元前313年起到公元2012年止，也就是"第五个太阳纪"。

在这个"大周期"中，运动着的地球以及太阳系正在通过一束来自银河系核心的银河射线。这束射线的横截面直径为5125地球年，换言之，地球通过这束射线需要5125年之久——"2012年12月21日将是本次人类文明结束的日子。此后，人类将

[神奇的惊天巧合]

进入与本次文明毫无关系的一个全新的文明。"

这也正好与许多新时代人的信念不谋而合,他们认为:"地球人正在由双鱼座移至宝瓶座,新时代确切的开始时间是从1981年1月1日至2012年5月5日。显然,2012年是一个新的时代开始的标志,它的重要性要远大于刚刚过去的世纪末。宝瓶座的特征就是:人类的灵性或宇宙意识达到了一个更高的高度。"

3. 2012失落的预言册

早在1887年,一位女裁缝就预言了未来世界将会发生的许多重大事件。至今,这些预言已经大部分应验了。

这个女裁缝名叫苏姗娜·摩根,住在美国亚利桑那州的埃尔本特镇。苏姗娜的预言都写在了一本用羊皮纸装订的预言册里,前面还有一幅苏姗娜的画像。这本预言册放在一个两英尺方的铜盒子里,埋在地下。后来一个叫卡麦隆的科学家使用金属探测器寻觅古币和文物时,无意之中发现了这个铜盒子与里面的预言册。

预言册中谈到,世界将会发生两次很多国家参与的大战;20世纪有人乘坐超音速机器遨游天空并涉足月球;加利福尼亚州的一个城市将在20世纪第一个10年中被地震摧毁;一位年轻爱尔兰教徒会当选美国总统,而他会被一个莫名其妙的狂热分子枪杀,杀人者不会被诉诸法庭受审。此外,她还提及,世界经济会陷入一场恐慌,有一艘豪华的巨轮沉没在冰凉的海水中;人类研制出一种爆炸起来像太阳一般的炸弹等。

20世纪的真实历史是:先后发生了两次世界大战;1969年

阿波罗11号飞船成功载人登月；1906年旧金山发生大地震，几乎摧毁了这座城市；1963年美国总统肯尼迪遇刺身亡。另外，20世纪我们已经熟知的重大事件还有：1929—1933年世界经济陷入空前危机；1912年4月"泰坦尼克号"海轮撞上冰山，最终沉没在了茫茫的大西洋；1945年，美国研制出原子弹，并在日本的广岛、长崎投入实战。

如今，女裁缝苏姗娜的预言中除了"人类与外星人遭遇后，全球会呈现大和平"外，其余的都已经一一应验了。

天灾人祸有预知

有科学家认为，预感能力几乎每一个人身上都具备，但是，预感能力的大小因人而异。人们常说，女人的直觉很强，其实，这就是第六感，即预感能力的一种表现。它不依赖于其他五种感觉，就能通过一些幻想或者梦境表现出感觉到的东西。可是，究竟这种第六感是如何发生的，是哪一个部位的功能，至今仍然是一个谜。

1. 神奇的报警电话

报警电话已经成为人们遭遇灾难时首先想到的电话，一般情况下只有事故发生之后才能打，而且打电话的人要对自己所

[神奇的惊天巧合]

说的话的真实性负责。

巧合的事情也曾出现在报警的过程中,比如发生在美国弗吉尼亚州里士满市的一次巧合事件。里士满市相对于洛杉矶、旧金山而言非常小,所以那里的警察也不如大城市繁忙,但警察局里守候报警电话的警员一点也不敢马虎。一天清晨,报警电话突然响了起来,似乎非常急迫。电话的另一端听起来像是位年轻的女子,她焦急地告诉警察,马克德纳尔街的铁道需要一部救护车。那里发生了火车撞击卡车的事故,卡车司机受了重伤,生命危在旦夕。

警察丝毫不敢怠慢,立即要求警车和救护车出动。两部车在一分钟内就准备就绪,随后立刻赶往事故现场。他们一路开着警笛,从最近、最清闲的街道赶去,一路没有任何停留。然而,当警车和救护车相继赶到马克德纳尔街的铁道口时,那里一片寂静,附近的居民都还在沉睡中,根本没有发生车祸。火车还在远远地开来,距离铁道口还有很长距离,而且附近根本没有卡车,哪里有什么火车撞到卡车、司机重伤之类的事故。警察们有点气愤,认为他们被耍了。

正当他们准备赶回去寻找搞恶作剧的人的时候,远处的火车呼啸而来。这时,在铁道口突然出现了一辆大卡车,它准备横穿铁路,可是却卡在了铁轨上。轰鸣声中,火车风驰电掣地朝铁道口直驶而来,直接与卡在铁轨上的卡车相撞。

后果可想而知:大卡车被撞得不成形状,直接飞出铁道;卡车司机被拖出驾驶室的时候,浑身血肉模糊,已经奄奄一息了。至此,警察们眼前发生的事和刚刚电话里说的居然一模一样!如此巧合的事,让几分钟前还在愤愤不满的警察们目瞪口呆,难道有人未卜先知?如果不是亲眼看到这一切,谁又会相信呢?

身受重伤的司机被马上送上了救护车,在经过紧急抢救后被送往附近医院。虽然身受重伤、失血严重,但由于抢救及时,卡车司机幸运地保住了性命。医院的医生告诉警察,实在是太及时了,如果再晚10分钟,就不可能救活司机了。

事后,警察尽最大努力寻找那个打电话报警的年轻女子,然而根本没法找到。

2. 大地震的先知

2003年9月10日,日本一位奇人串田嘉男根据自己监测到的电波异常波动,做出了惊天动地的预言:东京10日内将发生大地震。日本许多地震专家对此不屑一顾。然而9月20日,这个拥有3000万人口的大都市果然遭遇了一次大地震。此后,北海道也发生了里氏8级的强震。对地震的沉痛记忆,使日本人从此再也不敢轻视串田嘉男的惊人预言能力了。

早在地震发生的两周以前,东京外国记者俱乐部的网络留言板上就出现了一个帖子:一场毁灭性的大地震将在9月16日或17日袭击东京,消息是一个外国记者从已闻风逃到夏威夷的一位朋友处听来的。据东京电视台报道,在短短几天内,这个有3000万人口的特大城市就有超过60%的市民听到了关于地震的传言。然而,在日本这个地震不断的岛国,人们已经习以为常。虽然"狼来了"的警告叫了无数回,但大多数人听到传言的第

[神奇的惊天巧合]

一反应只不过是多买一些瓶装水以备不时之需,然后照常上班生活。

直到9月20日12时55分,当人们被地震摇撼的时候,东京的市民才记起几天前的那个预言。

地震过后,人们纷纷追问:究竟前几天关于地震的传言是如何发出的,是谁有这么大的本事能够预测地震?

最后,人们得知,是东京以西90公里处梨山区的一座天文观测台从事彗星研究工作的串田嘉男和他的妻子龄龟以及几个青年研究员,根据所监视到的高频(VHF)无线电波的异常波动,做出的惊天大预言。

原来,1993年8月的一个夜晚,正记录高频无线电波变化、追踪太空陨石的串田发现:记录仪上出现了一连串很特别的基线波动。最初串田以为设备出了故障,根本没在意,他说:"我当时以为学术界早就知道VHF电波与地震的联系了,所以根本没多想。"但是巧合的是,几天后,北海道就发生了大地震。从此,串田和夫人都认为VHF可预测地震,就一直在对其进行密切监控,并向外发布预警。串田称:"每次看到数据显示有强震,我都会陷入矛盾,不知该如何应对。如果我不说,可能有成千上万人死亡,但如果我发布了预测又不准的时候,大家就会失去对我的信任。"

1995年5月,串田嘉男举办了一场

新闻发布会，向媒体宣称萨哈林地区可能会发生地震，到场的几个记者全都一笑置之。可是，5月27日，北海道以北不远的萨哈林群岛果真发生了里氏7级大地震，造成1989人丧生。

目前，全球每年发生几千次地震，其中震级在里氏7级以上的强震一般有10多次。在过去一个世纪，世界各国均为地震研究投入了大量的人力物力。研究对象更是无所不包：岩石、地面温度、地下水水位、太阳黑子、月亮、潮汐乃至狗与鲶鱼的异常行为等。概而言之，几乎所有可以与地震预报挂钩的现象均纳入了地震研究范围，但专家们对地震仍然无法预测。1997年，地震学界的四位扛鼎学者——凯勒、杰克逊、卡岗与穆拉吉亚在《科学》杂志发表合署论文断言：地震无法预报。

但串田并不认同这一说法，他认为：在地震发生前地壳压力上升，地壳出现的小裂缝及岩浆活动令大气颗粒充电，导致电波变化，通过捕捉与分析VHF无线电波的不规则状况，就可预测地震的发生与强度。

3. 100年后的预言

爱尔列斯和华罗芙娜出生在俄国的一个偏僻山区，小时候两个人并不认识。1886年，21岁的爱尔列斯娶了小他4岁的华罗芙娜，婚后夫妻两人非常恩爱，经历了俄国历史上多次的战争与磨难。爱尔列斯曾预言，他们都能活过100岁，儿孙满堂，并且在101年之后，仍在同一地点举行庆婚典礼。很快，101年过

[神奇的惊天巧合]

去了,爱尔列斯122岁,华罗芙娜118岁,两人身体非常健康,拥有200多个儿孙、曾孙和玄孙。也就在这一年,他们在当初举行婚礼的地方举行了庆婚典礼。

在庆婚典礼上,爱尔列斯感慨万分。他清楚地记得,自己与华罗芙娜相识和结婚的全过程。他说:"我当时在山上骑马,突然发现了华罗芙娜。我一下子就被她迷住了,便紧紧跟随着她,并开始和她交往。6个月后,我们结婚了。迎娶的方式按照我们这里的风俗进行,我派了10个人到她居住的泰莱镇上去接她,他们一边朝天放枪,一边冲进她的家里,然后把她带来我身边。我们在枪声和欢呼声中举行了盛大的婚礼,有300位嘉宾参加了我们的婚礼,然后举行了结婚庆典,庆典活动持续了好几天。"

一个普普通通的人,没有任何星相学知识,也没有任何特异功能,竟然能如此准确地预言自己的长寿和夫妻的幸福生活,听起来比其他任何离奇的故事更加令人感动。

后现代性的预言家

预言家是如何获得预言能力的,我们不得而知。我们只是惊奇于这些神奇的传说,并且期望在困顿无助时,也能碰上这样一位神奇的预言者,指引我们找到命运难题的答案。

1. 伦敦著名的手相家

路易斯1866年出生在英国的利物浦，很小的时候，他就具有了某种常人不具备的神秘本领。为了继续和发展这方面的才能，路易斯的母亲把他送到一位巫师那里学习占星术和看手相。11岁的时候，路易斯看手相的技艺已经十分精湛了，甚至还写了一本关于看手相的书。又过了几年，十几岁的路易斯远渡重洋只身来到印度，花了两年的时间专攻秘术后才返回英国。

返回英国以后，路易斯在伦敦以看手相谋生。刚开始他的生意并不好，因为没有人相信这么一个年轻小伙子能够通过看手相预知未来。然而很快，有一件事改变了他的困顿境况。

有一天，他在幻觉中看到了一起谋杀案，还看见了凶手的模样。后来，他还根据幻觉所示的内容，找到了案发地点。当他到达那里的时候，果然看见警方正在进行案件调查。于是，他向警官报告说，凶手是个年轻的富家公子，和被害人是近亲，裤袋里还有一块金表。警方当然不会相信他，现场围观的人听到他的陈述也笑他疯了。可是第二天，罪犯被缉拿归案，和路易斯说的一模一样。犯人的确是年轻的豪门子弟，裤袋里确实有一块金表，而且就是被害人的儿子。

消息传出以后，路易斯一跃成为伦敦著名的手相家。以前听说或没听说过的人，都纷纷慕名而来。路易斯通过给别人看手相获得了丰厚的报酬，渐渐过上了富裕的生活。

路易斯的朋友史德特是伦敦一家报纸的编辑，因为工作需

[神奇的惊天巧合]

要做过许多负面报道,为此他整日忧心忡忡,担心遭人报复。当他得知路易斯有预知未来的本领后,就请求路易斯给他看看手相。路易斯告诉他说:"你不会被人杀死,但是会因溺水而身亡。"路易斯还具体指出了时间,劝告他不要在1912年4月接近水面。遗憾的是,史德特并没有听信他的劝告。1912年4月15日,史德特乘坐"泰坦尼克"号前往美国,就此永远地葬身大海了。

路易斯的名气越来越大,当时的王储爱德华王子都与他交往,并与他成了很好的朋友。1902年6月,59岁的爱德华宣誓继承王位,但因病未能加冕。当时爱德华国王对自己的身体非常担心,于是叫来路易斯看手相。路易斯看过之后,说国王的身体不会有什么大碍,很快就会好的。另外他还预言,国王将于1910年5月6日去世,后来国王真的就在那一天去世了。

路易斯许多著名的预言之中,最为引人注目的恐怕要数对意大利国王汉勃特死亡日期的预言了。有一天,意大利国王汉勃特召见了路易斯,让他帮自己看手相。路易斯握着国王的一只手看了半天,最后直言不讳地说:"陛下,非常不幸,您将会在3个月内被人谋杀而死。"在预言之后的第三个月,汉勃特国王突然被人杀害了。路易斯的预言,就这样再一次应验了。

可惜的是,这位能够成功预测别人死亡的预言家无法预知自己的死亡。1935年的一天早晨,有人发现路易斯躺在好莱坞的一条岔路上。在被人送往医院的途中,这位神奇的预言家停止了心跳。

2. 外国"神算子"

1975年11月6日，美国人伊格尔18岁的女儿失踪了，于是求助于美国新泽西一个叫多罗西·爱利森的妇女。多罗西听明来意后默默沉思不久，便说："放心，你的女儿现在很安全，她只是私奔到男朋友家，现住纽约。"后来，伊格尔果然在那里找到了女儿。惊奇之余，伊格尔很是感激这位预言者，多罗西的名声也因此不胫而走。

1976年5月15日，在纽约斯坦顿岛又有一个14岁女孩苏珊失踪。苏珊之父雅各布森慕名求教于多罗西。多罗西的脑子里又闪出了有关图景，她说："我找到了苏珊的尸体，就在斯坦顿岛上，在写有MAR三个红漆字母的附近。"雅各布森根据多罗西的提示，终于在岛上有三个红漆大字MAR的圆石附近的一个大桶中，发现了苏珊的尸体。警方以此为线索，最终抓获了杀人凶手。

珍妮·狄克逊是美国首都华盛顿一位不动产代理商的妻子。从9岁开始，她就被认为是一个有特异功能的人，可以预测别人的未来，也可以知道发生在别人身上的秘密。

有一天，她和朋友们共进午餐。突然间，她打断了朋友们的谈话，说："他将会被刺客刺杀！"当被问"他"是谁时，她回答道："哎，我说的是我们的总统啊！"在接下来的两周时间里，狄克逊太太多次想要给肯尼迪总统提出警告，但是都没有成功。11月22日星期五的早上，她说："总统将会在今天

[神奇的惊天巧合]

被刺杀!"果然那天下午,约翰·肯尼迪总统在得克萨斯州的达拉斯被人击中,不幸死亡。

狄克逊太太还能说出发生在别人身上的秘密。喜剧演员卡哈有一次想试探一下她的特异功能,于是就问她,在那天较早时候的一场高尔夫球赛中,他自己打了多少球。他并没有提及他在那场比赛里的对手是谁,因为这是一个绝对机密的事情。狄克逊太太毫不犹豫地说:"你打了92球,而艾森豪威尔总统打了96球。"卡哈当即惊叹不已,对她的特异功能完全信服了。

狄克逊太太的一个朋友女演员卡洛尔·伦巴德准备乘坐某一航班飞往佛罗里达。狄克逊太太劝她不要去,说会有危险的。但是卡洛尔·伦巴德不愿意改变自己的计划,但又真的害怕如狄克逊太太所说的危险会发生,于是采取掷硬币的方式决定是否要搭乘这次航班。如果是正面,就取消这次行程;如果是反面,那就按计划来做。结果,掷出了硬币的背面,最后她所搭乘的那次航班在起飞后不久就坠毁了。

有趣的预言

其实不是所有的预言都那么可怕,没必要把预言和惊悚联系在一起。历史上有很多预言被验证后,更多的是有趣。

218

[第四章 灾变·上帝的骰子]

1. 注定饿死在王宫

　　1467年，英国预言家尼克松出生在曼彻斯特的乡间。有一天，他在田间工作，突然带着怪异的神色一面四处张望，一面大声说："现在该换君主了！现在轮到亨利了！亨利获得了胜利！"这段话说得非常清楚，但意思并不明朗。同在田间工作的人听得莫名其妙，不过第二天真相就浮出了水面。原来尼克松在说出那段话时，英王理查三世已经在波斯沃思旷野被杀，而那场决战中的胜利者亨利·都铎已经自立为王。

　　没过多久，有关尼克松预言的事便传到了新国王亨利的耳朵里。他对此人很感兴趣，于是命人将尼克松召到王宫。但使者还未出发，尼克松已经预知一切，而且显得惶恐不安，嚷着亨利已派人来找他，又说他一定会在王宫里饿死。

　　尼克松被带到亨利面前时，亨利国王表现出一副烦躁不安的样子，说有一颗名贵的钻石不见了，要尼克松帮忙找回来。尼克松镇定地回答说："解铃还须系铃人。"原来钻石是被亨利藏了起来。从那以后，亨利国王对尼克松的回答深信不疑，并叫人记下尼克松后来说的话。据说尼克松曾准确预测了英国内战、某些帝王驾崩或逊位和英法战争。

　　尼克松把自己会在王宫中饿死的预言告诉了亨利，亨利听后哈哈大笑，认为绝无可能。为了消除他的恐惧，亨利下令御厨不论尼克松想吃什么都要给他做。有一天，亨利离开伦敦，把尼克松留给一名侍从照管。这名侍从为了使尼克松免受嫉妒者的欺凌，就把他锁在了国王的密室里。后来，这名侍从因有要事离开伦敦，忘记留下钥匙或吩咐人把尼克松放出来了。结果侍从回来时，尼克松已经饿死在密室中了。

2. 亚马孙部落的女王

　　世界知名的美国女探险家杜宁嘉经常深入蛮荒之地探秘，她经历了许多常人难以想象的磨难与凶险，却也有着无与伦比的丰富经历。当时一位著名的预言家曾预言，杜宁嘉会被亚马孙一个部落奉为女王，而且预言她这种女王生活将会持续三个月。杜宁嘉对此只是淡淡一笑。

　　后来，杜宁嘉听说厄瓜多尔南部毗邻秘鲁边界的亚马孙盆地有一个原始部落，他们仍保存着古老的拜月仪式。天生对于未知世界的强烈好奇心促使她再次出发，为此她租了一架小型飞机，并在向导的带领下深入亚马孙盆地探险。

　　在茂密的森林中艰难跋涉了四天，杜宁嘉遇到了一个印第安部落。这个部落的男女脸上绘有红黄条纹，腰间只围着棉布，住在用棕榈叶盖成的棚屋里。这一切都表明这是一个未经开化的部落文明。

　　当族中的妇女见到杜宁嘉时，突然显得格外兴奋，口中不停叫着"雅玛劳玛"，接着一拥而上，围着她低首下拜。杜宁嘉一脸疑惑，随行的向导解释说"雅玛劳玛"是该族以前的一位女王的名字，传说那位死去的女王皮肤洁白如满月，却不幸被另一个部族杀害。

　　这些族人一见到杜宁嘉，便以为他们女王再度归来，于是对她敬若神明。族中妇女每日送来新鲜水果，男子则呈献狩猎的猎物。每当满月当空，杜宁嘉就会戴上色彩缤纷的羽冠，上身穿着由鲜花编成的背心，围上一条由文明世界带来的裙子，为族人主持拜月仪式。拜月仪式结束之后，族人则会跳舞狂欢，其间会喝一种由丝兰花自酿的土酒，围炉烤吃鲸鱼尾甚至黑豹肉，就像现代都市的宴会一般。不同的是，文明世界的人们在宴会结束之后各自回家；然而在这原始的部落，宴后男女借着酒意到林中交欢，他们相信拜月后会令族人多生多养。

杜宁嘉当了三个月女王之后，决心返回文明世界。或许对她而言，这个王位只是她探险生命中的一个短暂插曲，然而她的这番经历却完全被预言家言中了，不能不让人惊异。

3. 弄假成真的科幻作家

科幻作家在写科幻小说的时候，显然不能凭空捏造，而要根据现在已有的东西，大胆想象，从而创造出超乎寻常但又可信的科幻世界。因此，历史上好多科幻作家都成了著名的预言家。他们在小说中描写的科学设备和技术手段，在多年之后都成了现实，这确实是一件非常有趣的事情。

20世纪最初的20年内，苏联的"宇宙之父"齐奥尔科夫斯基在自己的著作中描述了多级火

神奇的惊天巧合

箭的工作原理、密闭的太空衣、航天器中的人工气候以及宇航员的生活保障设施等。而今天，齐奥尔科夫斯基在书中所描写的这些东西，已常出现在新闻报道中。这些当时不可想象的航天设备，今天已经变成了现实。

美国宇航员于1969年登上月球，这是人类对宇宙进行探索的一大步。然而在此前半个多世纪，法国科幻小说家儒勒·凡尔纳就已经详细描述了人类登上月球的情景。凡尔纳在书中的描述与美国宇航员登月的过程有着惊人的相似，小说中说登月飞行将由三个人来完成，实际上完成登月任务的恰好也是三个人。凡尔纳描写火箭的发射场设在佛罗里达，"阿波罗11号"宇宙飞船起飞的地点恰巧就是美国佛罗里达。凡尔纳还描述在航程的最后阶段，降落装置落在了太平洋里，并由军舰打捞上来，竟然与美国宇航员登上月球的实际过程丝毫不差。这恐怕就不仅仅是科幻作家们大胆而合理的想象了，简直可以说是预知未来。

用于远程通信的同步卫星是20世纪80年代中后期的科技成就。这种卫星的运转轨道与地球自转的方向相同，速度也一样。这样站在地球上的人就会看见卫星好像固定在地球的某一上空一样。而在上空只要有三颗这样的卫星，就可以把地球上任何地方的无线电信号传播到全世界。著名科幻小说家亚瑟·克拉克早在30年前就已经在自己的一篇小说中描写了同步卫星的详细情况，并且还因此获得了这项发明的专利权。

德国作家库尔特·拉斯维茨在他的长篇小说《在两个行星上》里面，描写了"火星人"用光电池来开启和关闭房门。在今天，这种太空实验室和太阳能电池早已成为现实，只不过它们是地球人创造的。

第五章
历史·名人与巧合

> 古人相信事出必有因。所谓巧合、生死有命、吉凶贵贱、聪明迟钝皆非偶然。今人利用现代科技能够证明古人的想法的确是有道理的。

[神奇的惊天巧合]

政治名人的定数

他们像历史长河中璀璨的星辰,放射出耀眼的光芒,他们的言行、才华、求索、成就、功过,甚至他们的惊人巧合,都给当时乃至以后的社会产生了重大影响。

1. 拿破仑和希特勒的微妙关联

拿破仑和希特勒有着许多惊人的巧合。

1804年5月18日,拿破仑"黄袍加身",宣告自己为法兰西第一帝国的皇帝,称号"拿破仑一世"。希特勒于1933年1月30日通过"后门"交易登上了总理的宝座,从那时起,魏玛共和国正式灭亡,第三帝国诞生。两人掌权,其间相隔129年。

1809年初,因对付普、奥等国的第五次反法同盟,拿破仑不等西班牙战事结束就匆匆率兵回国,东征奥地利,占领维也纳。拿破仑凭着他那钢铁般的意志,转败为胜,迫使奥地利再一次割地求和。1938年3月11日,希特勒在奥地利的亲德分子和纳粹分子的帮助下,软硬兼施,兵不血刃地占领了奥地利,走出了他在中欧侵略扩张的第一步。两人占领维也纳相隔129年。

1812年,拿破仑集兵50万远征俄罗斯。他长驱直入,直捣莫斯科城。希特勒正巧在129年之后,即1941年6月22日,在

1000多公里长的苏联边境上发动大规模的突然袭击,攻到莫斯科城下。

而两人的惨败都是从莫斯科之战开始的。拿破仑于1816年战败,希特勒是在1945年战败,还是相隔129年。两人掌权时都是44岁,进攻俄国时都是52岁,战败时都是56岁。他们两人都被称为有先见之明的战略家,却恰恰同样犯了战略上的错误。

此外,两人还有惊人的相似之处:拿破仑每做一项重大的决定,哪怕在战斗最激烈的时刻,必然会沉入半梦半醒状态,10分钟之后,再给部队发布战斗命令。希特勒也是在半睡半醒迷迷糊糊之中,做出与整个战争命运休戚相关的决定的。

2. 林肯与肯尼迪的百年遥望

亚伯拉罕·林肯和约翰·菲茨杰拉德·肯尼迪两位总统的刺杀事件常被相提并论,因为他们两人有一系列惊人的巧合之处。

亚伯拉罕·林肯首次当选为国会议员是1846年,约翰·肯尼迪正好是在100年后当选。

林肯是在1860年11月6日当选为美国第16任总统,肯尼迪则是在1960年1月8日当选为美国第35任总统。

他们的继任者都是南方人,都叫约翰逊。安特鲁·约翰逊生于1808年,而林肯·约翰逊生于1908年。

刺杀林肯的那个人——约翰·威尔克斯·布思,生于1838年。杀害肯尼迪的凶手——李·哈维·奥斯瓦德,则出生于1938年。两人都是南方人,都是尚未审判就被枪杀。

[神奇的惊天巧合]

布思在剧院犯下罪行，逃入一座谷仓。奥斯瓦德是在一座仓库的窗口对准肯尼迪扣动扳机的，然后逃进一家剧院。

林肯和肯尼迪对自己的死亡都有着奇特的预感。

在被刺的那一天，林肯对他的卫兵威廉·H·克鲁克说："我相信有人要谋杀我，我毫不怀疑他们会动手……如果发生这样的事，是无法阻止的，我没有任何办法。"

而肯尼迪曾毫不怀疑地对他的妻子杰姬（杰奎琳）以及他的私人顾问肯·奥唐纳尔说："如果谁想从窗口用步枪向我射击，谁也无法防止，因此又何必多操心呢？"他讲这话是在1963年11月22日，他在讲了这话几个小时之后被枪击中身亡。

林肯和肯尼迪都是历史上有名的民权运动者。两人都是在星期五被枪杀的，并都是被击中头后部，两人的妻子都在场。

林肯是在福特大戏院遇刺的，肯尼迪则是在汽车上被刺的，汽车是福特汽车公司出品的林肯牌。

另外最后一个不幸的巧合是，肯尼迪有一个名叫伊夫林·林肯的秘书。据报道，他曾劝告肯尼迪不要去达拉斯。

3. 死于国庆日的三位美国总统

大约不会有人想到，美国总统居然有死于贫病交加的，并且还不止一位。巧合的是，死于贫困的总统当中，竟然有三位死于国庆日。

第一个死于贫困与国庆日的是第三任美国总统托马斯·杰斐逊。他出身贵族家庭，属于富有阶层，1809年3月4日离任，死

226

于1826年7月4日。巧合的是，他竟然与他的前任、政敌约翰·亚当斯几乎同时离开人世。杰斐逊的墓碑上刻着："托马斯·杰斐逊美国《独立宣言》和弗吉尼亚宗教自由法的执笔人、弗吉尼亚大学之父安葬于此。"

杰斐逊8年的总统生涯使他欠下了11000美元的债务，不得不另举债偿还。离开白宫之后，他抵达蒙蒂塞洛。虽然拥有几间小作坊和一个小农场，但都入不敷出。尽管他忍痛卖掉一些土地还债，但仍然还有几乎5万美元的债务。于是，还债就成为困扰这位离任总统的难解之结。他的大女儿在给父亲的信中写道："我什么都可以忍受，就是不想看到你年纪这么大还要为债务而烦忧。"

1812年，英国人入侵，焚烧了国会图书馆。杰斐逊将自己价值5万美元的藏书，以23500美元的低价卖给国会，偿还了将近一半的债务。尽管手头拮据，他却从1816年起，以全部身心投入筹建弗吉尼亚大学的运作之中。在他的积极游说下，州议会批准每年支付15000美元以资办学。

1825年3月7日，弗吉尼亚大学开学，尽管只有30名学生。杰斐逊终于因为贫困兼过度劳累而病倒，当他经济极其困难的消息传开之后，美国各地为之捐款16000美元，但仍并不足以偿还他的债务和解决他的医疗费用。6月24日，他写下生平最后一封亲笔信，抱歉地推辞掉华盛顿纪念《独立宣言》五十周年纪念活动。7月4日中午12时50分，他离开人世，享年73岁。几个小时之后，另一位《独立宣言》起草人、杰斐逊的前任总统亚当斯也撒手人寰。

美国第五任总统詹姆斯·门罗，出身小农场主家庭，家境并

[神奇的惊天巧合]

不富裕,后于1825年3月4日离任。非常巧合,他与托马斯·杰斐逊同月同日离任。他归宿的橡树庄园,是杰斐逊亲自帮他设计的。与当时其他总统一样,由于总统薪俸根本不足以支付开支,离任时审计发现,他原有的庄园由于卖地还债,已经剩余不多了。于是,他致信当时的总统麦迪逊,要求美国政府补偿对他的拖欠,并请求国会援助,否则他将难以应付退休后的生活,但无结果。

他不得不卖掉阿尔比尔和米尔顿附近的土地,但仅能偿还部分债务。在有的债权人开始追索的情况下,他企图向杰斐逊请求援助。这才知道杰斐逊比他更贫困,于是门罗联合其他人向弗吉尼亚立法机关要求接济杰斐逊。门罗对于美国政府的补偿要求被一拖再拖,只好放弃了。

1830年9月23日,门罗夫人因中风逝世,给门罗以极大打击。安葬完夫人之后,门罗几乎一文不名。他的所有资产都耗费殆尽,只得搬到二女儿在纽约的家中,依靠女儿生活。当时的总统亚当斯任命门罗的二女婿为纽约邮政局局长,这份薪俸保证了门罗一家的生活。为了挣钱,门罗总统只得写书换取稿费。他的贫困状态终于感动了美国国会,他们批准给予门罗在任总统期间的补偿费3万美元,可这笔补偿款连同他的卖地进账只够还清旧债,却无法改善他清贫的生活。1831年,门罗最后的家——橡树庄园被卖掉了,门罗成为地道的无家可归者。当年7月4日,门罗在女儿家因心力衰竭平静地离开了人世,终年73岁,成为死于国庆日的第三位美国总统。

[第五章 历史·名人与巧合]

艺术家的神秘巧合

艺术家是杰出的、伟大的,发生在他们身上的巧合却意外得令人难以相信,他们也许从没有听说过对方。

1. 两位伟大作家死于同年同月同日

1547年9月26日,西班牙伟大的小说家塞万提斯诞生于马德里附近的一个小城镇。他的父亲虽然是一个贫穷的游方医生,但他的医术却很精湛。这位常年走南闯北的医生阅历非常丰富,深深体会到知识对一个人的重要性,因此在给一些有藏书的富人看病时,都要借许多书带回家给儿子看。

1566年,塞万提斯一家来到马德里定居。没有多长时间,塞万提斯就以自己的文学才华崭露诗名。当时在马德里享有盛名的人文主义学者胡安·洛贝斯·台·沃约斯在读了塞万提斯的诗以后,亲自登门拜访,并把这位年仅19岁的青年招进自己开办的学校里学习。在这所学校里,塞万提斯得到了极大的充实,并在沃约斯人文主义思想的影响下,写出了许多优美的诗篇,被传诵一时。

但是,他的一生并不太平。时运乖蹇的塞万提斯一直在贫苦中挣扎,还由于种种原因数度入狱,幸而每次都能很快证明

[神奇的惊天巧合]

他是清白的。在监狱里，塞万提斯接触过形形色色的人，广泛了解到社会底层人们的生活，并写出了以此为内容的《训诫小说集》。而他的传世杰作《堂吉诃德》，就是在监狱里构思并创作出来的。

1616年4月中旬，塞万提斯完成了他最后的长篇小说《贝尔西莱斯和西希思蒙达》。尽管当时严重的水肿病折磨得他十分痛苦，但他依然诙谐地在献词里戏言道："我的生命已经走到尽头，照我的脉象来看，最晚这个星期天就要走完我的旅程，我的生命就要结束了。"正如他所预料的，3天后，也就是4月23日，这位西班牙乃至全世界有学识的思想家和最伟大的小说艺术家溘然辞世。时至今日也没有人知道他的坟墓在哪里。

1564年4月23日，威廉·莎士比亚出生于英格兰亚芬河畔的斯特拉福。1587年，年仅23岁的莎士比亚离开妻子和三个儿女，只身前往伦敦谋生。斯特拉福和伦敦相距不是太远，但在当时也有4天的脚程。莎士比亚到了伦敦后，先是在剧院里找到一个打杂的活，偶尔为了救场，也跑一跑龙套。1592年新年，莎士比亚创作的《亨利六世》在伦敦最大剧场之一玫瑰剧场上演，卖座收入竟创了当时整个演出季节的纪录。莎士比亚的名字就此一炮打响。

随着时光的流逝，莎士比亚的名气越来越大，连女王伊丽莎白一世也注意到了他，决定授予他爵士称号和族徽。这个当年剧院的杂役，终于成了伦敦戏剧界的一颗明星，继而又成了剧院的股东。1613年，当莎士比亚返回家乡斯特拉福的时候，已然富甲乡里。他买下了全城第二的豪宅，在亚芬河边过了三年享福的日子，然后于1616年4月23日去世。

各自用民族语言写作的两位最伟大的作家——威廉·莎士比亚和米格尔·德·塞万提斯死于同一年的同一天：1616年4月23日。这难道不是一个巧合吗？

2. 麦克斯韦与爱因斯坦

麦克斯韦于1831年6月13日出生在苏格兰爱丁堡的一个名门望族，从小便显露出数学天分。他在14岁时就写了第一篇科学论文，次年发表在爱丁堡皇家学会的刊物上。1847年中学毕业后，他进入爱丁堡大学学习数学、物理学和哲学。1850年转入剑桥大学三一学院，主攻数学和物理学，1854年以优异成绩毕业。

麦克斯韦是科学革命前的重要转折人物：一方面，他是近代物理学的巨匠、经典物理学大厦的主要完成者之一；另一方面，他由于加速了牛顿力学观的崩溃而成为现代物理学的先驱。麦克斯韦对科学的伟大贡献在于，他提出和发展了新的世界观，为未来的科学研究指明了方向。他的电磁学理论通过相对论、气体动力学理论对量子论起过作用；他筹建并领导的卡文迪许实验室引导了实验原子物理学的发展。这一切使他成为牛顿之后、爱因斯坦之前最重要的物理学家。

麦克斯韦生前没有享受到应得的荣誉，因为他的科学思想和科学方法的重要意义直到20世纪科学革命来临时才充分体现出来。1879年11月5日，麦克斯韦因病在剑桥逝世，年仅48岁。那一年正好爱因斯坦出生。

1879年3月14日，一个小生命降生在德国一个叫乌尔姆的小城。父母为他起了一个很有希望的名字：阿尔伯特·爱因斯坦。

爱因斯坦大学毕业时，正赶上经济危机爆发，由于他是犹太血统，没有人脉关系，又没有钱，所以只好在家待业。为了生活，他只好到处张贴广告，靠讲授物理获得每小时3法郎的生活费。这段失业的时间给了爱因斯坦很大的帮助。在授课过程中，他对传统物理学进行了反思，促成了他对传统学术观点的猛烈冲击。经过高度紧张兴奋的5个星期的奋斗，爱因斯坦写出了9000字的论文《论动体的电动力学》，狭义相对论由此产生。可以说，这是物理学史上的一次决定性的、伟大的宣言，是物理学向前迈进的又一里程碑。

科学史上这种巧合还有一次是在1642年，那一年伽利略去世，牛顿出生。

3. 同月同日出生的音乐家

现代人对占星学应该不会陌生，它是5000多年前诞生的一种占卜法，经历了古希腊时期后，越来越强盛。人们将复杂的传统占星学简化为直观易懂的"十二星座"，企望它能为人类生活的方方面面服务。后来，占星学与心理学、统计学等学科紧密相连，得出不少规律性的理论。

就拿音乐家为例，同星座的音乐家在个性上不一定如出一辙，但确有些相似的。有一对演奏同样乐器的音乐家，竟然是同一天生日：钢琴家毛里齐奥·波利尼和阿尔图罗·贝内代·蒂·米凯兰杰利都是1月5日出生，他们都是摩羯座的，演奏风格也很相似。

毛里齐奥·波利尼是意大利钢琴家，1942年出生。早年在威尔第音乐学院从名师学习钢琴，并兼学作曲。1960年获国际肖邦钢琴作品比赛大奖，1971年以后在欧洲旅行演出，颇获成功。他的演奏风格干净利落、健康明快，没有一点忧伤的影子。他弹出了生活的赞歌，是一位热爱生活的钢琴家。

阿尔图罗·贝内代·蒂·米凯兰杰利也是意大利钢琴家，生于1920年。他早年就读于布雷西亚和米兰音乐学院。1939年，他在日内瓦国际音乐比赛中获奖，从此名声大震，活跃于国内。"二战"之后，他在欧洲各地旅行演出，引起轰动。1972年，他移居瑞士，成为国际上瞩目的钢琴大师。他的演奏具有一丝不苟的求全精神。

还有两位小提琴家也是同月同日出生的，他们叫雅沙·海菲兹和弗里茨·克莱斯勒，都生于2月2日，同为水瓶座，都是跻身于杰出之列的炫技小提琴演奏家。

中国古人的天命回眸

1. 王勃与李贺是一条命？

王勃与李贺都是唐朝著名的诗人，并且有着许多相似的地方，下面我们就来略说一二。

[神奇的惊天巧合]

王勃与李贺两个人都是在27岁的时候不幸身亡的,并且都是在秋季。王勃生于公元649年,死于公元676年,南下探望在交趾为官的父亲渡海时不幸溺水,惊悸而死,年仅27岁。李贺生于公元790年,一生愁苦多病,仅做过3年奉礼郎这样的九品小官,就因病去世,时年也是27岁。

两人都在年少之时因诗文而获"神童"美誉。王勃自幼聪慧好学,为时人所公认。《旧唐书》本传谓王勃:"六岁解属文,构思无滞,词情英迈,与兄才藻相类,父友杜易简常称之曰:此王氏三株树也。"李贺7岁时就已经写出了很好的诗词文章,七邻八乡都传诵他是个"神童"。诗文大家韩愈、皇甫湜找到李贺之后,要他当场作诗,并且要以他们两人为题,李贺当即就写了一篇《高轩过》,表达了对两位大文学家的仰慕,也抒发了自己的抱负。

此外,王勃与李贺还有许多相似的地方。两人都只做过3年的官,在求官过程中都得到过一位皇甫侍郎的帮助,两位皇甫侍郎享年都是58岁。王勃与李贺还都迷恋神仙鬼怪的传说,并且没有结婚,死后也没有留下子嗣。

2. 和珅是乾隆的"孽债"?

在大清王朝的历史上,清高宗乾隆是一代英明君主,大贪官和珅是一个奸佞小人。以乾隆之英明却宠幸劣迹斑斑的和珅有20余年,人们历来对此众说纷纭,莫衷一是。

据《清宫遗闻》和《清朝野史大观》记载:乾隆做太子的

时候，一次因事进宫，看到父王雍正的一个妃子娇艳无比，正对镜梳妆，心中非常喜爱，不禁想和她开个玩笑，于是就从后面用双手捂住了那个妃子的眼睛。妃子不知就里，就用梳子往后击打，正好打到了乾隆的额头上。乾隆的母后见了，生气地说："你竟然敢调戏太子，也太不要脸了。"盛怒之下，赐她自尽。

乾隆觉得对不住这个妃子，就用朱砂在她的颈上点了一下。他想，自己的一个玩笑就让这个妃子丧了命，所以心中一直有歉意。

后来，和珅入宫侍驾，乾隆越看他越像那个冤死的妃子，验其项颈，果见其颈上有一红色胎记。问其年龄，也与那妃子死去的时间相合。乾隆愈发吃惊，遂认为和珅就是那冤死的妃子之后身所化。

为偿还年轻时的"孽债"，乾隆对和珅关爱有加、处处袒护，致使和珅平步青云，以至权倾朝野，作威作福20余年而不倒。直到后来乾隆死后，嘉庆皇帝才将他扳倒。和珅死时居然也是白绫赐死，与那妃子无二，真是历史的巧合。

3. 成也天花，败也天花

清朝是中国历史上最后一个君主专制的王朝，也是留下了许多故事和传说的王朝。清朝前期的皇帝都比较有作为，在这些皇帝当中，与天花有深厚渊源的就有两位——顺治和康熙。

顺治皇帝是皇太极的第九子，崇德八年（公元1643年）二

[神奇的惊天巧合]

月十六日承袭帝位,时年6岁,由叔父睿亲王多尔衮及郑亲王济尔哈朗辅政。1644年,清军入关,改元顺治,9月从盛京迁都至北京。顺治皇帝14岁(公元1651年)亲政,打理朝政、主持军国大事10年,政绩颇多。1661年,顺治感染天花病毒,不久因病去世。

康熙是顺治的第三子,生于顺治十一年(公元1654年)。康熙早年的生活一直笼罩在天花的阴影之下,出生不久,就赶上了天花大流行,不得已由其乳母抱出紫禁城,寄住在西华门外的一座宅邸中"避痘"。他两岁那年,感染了天花病毒。好在有乳母的悉心照料,康熙才从天花的魔掌中挣脱出来,只是脸上留下了一些麻子。因为康熙感染过天花,最不容易夭折,于是被顺治帝选为继承人。

1661年,康熙继位,年仅8岁。1669年,康熙铲除了威胁政权的顾命大臣鳌拜,开始亲政。康熙执政期间,削除三藩势力,统一台湾,平定准噶尔汗噶尔丹叛乱,并且抵抗了当时沙俄对我国东北地区的侵略。

顺治与康熙,一个死于天花,一个因天花而继位。这对父子跟天花的关系是一祸一福,两父子都可称得上是兴国皇帝。

200年后,清王朝已由辉煌走向了没落,这时候又出现了两位与天花相关的皇帝——咸丰与同治。

咸丰皇帝是清朝入关后第七位皇帝,道光皇帝第四子。道光三十年(公元1850年)正月即位,时年20岁,在位11年。咸丰也生过天花,为此也留下了一脸麻子。他的儿子同治也是死于天花。这两人又是一对父子皇帝,可在他们统治期间中国却经受着西方列强的侵略和国内太平天国的战争,可称得上是一对亡国父子皇帝。

　　大清朝患过天花病的四位皇帝，一前一后两对父子皇帝，时间跨度整整200年。这两对父子皇帝，有开国兴邦的明主，也有丧权辱国的昏君，这对于大清王朝也是一福一祸。只是不知这一福一祸是天花带来的，或者是天命？

4. 灭"唐"朱温，反被唐灭

　　朱温夺取唐朝政权，建立了后梁政权，可是灭掉后梁的是后唐，而且这个后唐的政权也姓李。

　　朱温出生于唐大中六年（公元852年），宋州砀山（今属安徽）人。幼时，随母在萧县刘崇家当佣工，后来参加黄巢领导的农民起义军，随军进入长安。唐中和二年（公元882年）正月，黄巢以朱温为同州（今陕西大荔）防御使。同年九月朱温叛变，降于唐河中（今山西永济西）节度使王重荣，又被僖宗任命为金吾卫大将军，充河中行营副招讨使，赐名全忠。第二年，朱温改任宣武（今河南开封）军节度使，加东北面都招讨使。唐中和四年（公元884年），朱温与李克用等联兵投靠黄巢起义军。同年，宰相崔胤召朱温入关，杀死劫迁昭宗的宦官，送昭宗出城。

　　昭宗回到长安以后，朱温尽诛宦官，废神策军，从此昭宗处于朱温的掌控之下成为傀儡。天祐元年（公元904年），朱温逼迫昭宗迁都洛阳，随即遣人杀之，立其子哀帝，后又贬杀宰相独孤损等朝官30余人。

[神奇的惊天巧合]

天祐四年（公元907年）四月，朱温由唐宰相张文蔚率百官劝进，正式称帝，更名为朱晃，庙号太祖，改元开平，国号大梁，史称后梁，升汴州为开封府（今河南开封），建为东都，以唐东都洛阳为西都。

后来，朱温与据有太原的沙陀贵族李克用、李存勖父子连年征战，损耗了大量的人力和财物，并且逐渐丧了失军事上的优势。晚年，因皇位继承人未定，皇室内部矛盾尖锐，乾化二年（公元912年）被次子朱友珪杀死。龙德三年（公元923年）四月，李存勖称帝于魏州，就是庄宗，改元同光，国号唐，史称后唐。同年十月，后唐灭后梁，十二月，迁都洛阳。

就这样，朱温在灭掉了李家唐朝仅仅16年之后，其政权就被另一个李姓的后唐灭掉了。

往事不忍成历史

革命不是简单的脸谱，回忆并非过眼云烟，种种巧合，带你见证真实的历史血肉。

1. 夏朝的开"启"与终"桀"

夏朝是中国历史上第一个"家天下"的世袭王朝。根据现代考古学研究结果，夏王朝建立于约公元前2070年，灭亡于约公元前1600年，延续了400多年的统治历史，先后出现了17个君主。

现代考古学研究已经证明，在大禹做原始部落联盟首领的时候，就已经建立了军队、法庭、监狱等国家机器，但是"公天下"的原始部落联盟首领禅让制并没有改变。"家天下"的世袭制代替"公天下"的禅让制，是从夏启开始的。

大禹因为治水有功，根据禅让制的规则，做了舜的继承人。同样按照禅让制的规则，大禹部落联盟首领的位子本来是要传给伯益的。大禹死后，他的儿子夏启在与伯益争夺权位的斗争中获胜，并且杀死了伯益即位。夏启即位后，在钧台大宴各部落首领，以期获得联盟各部落对其地位的承认。有扈氏对夏启破坏禅让制的做法十分不满，坚决不出席钧台大会。夏启调动军队对有扈氏进行征伐，大战于甘，有扈氏战败，被灭族，巩固了夏朝的统治。

然而到了夏桀统治天下的时候，夏朝耗费了大量人力物力。同时，夏桀是一个昏庸无能、贪图享受的暴君，因此，四方诸侯纷纷要求推翻他的统治，夏桀陷入了内外交困的孤立境地。

商汤看到推翻夏桀统治的时机已经成熟，便以"天命"为号召，说"有夏多罪，天命殛之"，联合四方诸侯向夏朝发起了进攻。在鸣条之战中，商汤的军队取得了决定性胜利，夏王朝从此灭亡。

夏的"家天下"世袭王朝是由夏启开启的，而终结这个王朝的最后一个君主则是夏桀。"启"就是开启的意思，而"桀"的谐音就是终结。这是历史的巧合，还是冥冥之中就已经注定了呢？

[神奇的惊天巧合]

2. 三家分晋与三国归晋

春秋末年，韩、赵、魏三家分晋；三国后期，魏、蜀、吴三个政权又归于一统，而此时统一天下的，恰巧就是晋朝。

三家分晋指的是春秋末年，五霸之一的晋国被韩、赵、魏三家大夫瓜分的事件。周威烈王二十三年（公元前403年），周天子分封韩、赵、魏三家为侯国，司马光的编年体史书《资治通鉴》就是从这一事件开始记载的："周威烈王二十三年，初命晋大夫魏斯、赵籍、韩虔为诸侯……"

公元前376年，韩、赵、魏三家联合废掉晋静公，全部瓜分了晋公室剩余土地。三家分晋是春秋与战国的重要分界点，具有划时代的历史意义。从此，韩、赵、魏都成了中原大国，再加上原有的秦、齐、楚、燕四个大国，历史上称为"战国七雄"。

三国时期，有曹魏、蜀汉、孙吴三个政权并立。三国只存在了几十年的时间，最后归于晋朝的大一统。

公元263年，司马昭派钟会、邓艾、诸葛绪分兵三路南平蜀汉，与蜀汉将领姜维发生拉锯战。魏军被挡于剑阁之前，邓艾避开姜维大军的锋芒，抄阴平小路直取涪城，进逼成都。汉主刘禅投降，蜀汉为魏所灭。

公元265年，司马昭死后，司马炎夺取曹魏政权，定都洛阳，建立晋朝，史称西晋，并开始筹备伐吴。

公元279年，晋朝兵分六路，由北、西两面向东吴进发。公元280年，晋军成功攻克建业，孙皓投降，东吴灭亡，西晋成功地统一了天下。

3. 盛极一时的短命王朝

秦朝和隋朝都完成了我国历史上两次重要的大一统，都建立了强盛的东方帝国。然而，这两个统一强盛的王朝都一样的短命，都断送在了二世的手中，并且这两位二世皇帝还都是被自己的臣属害死的。

秦朝是中国历史上第一个实现统一的中央集权制世袭王朝，它的建立者是秦王嬴政。嬴政消灭六国，结束了春秋战国诸侯割据的局面，成为中国古代历史上的千古一帝。秦始皇消灭六国之后，北击匈奴，南下百越，使得秦帝国的疆域迅速扩展，建立了强盛的东方大帝国。然而仅仅在15年之后，秦朝的第二代皇帝就把大好江山葬送了。

公元前210年，秦二世胡亥即位。他进一步增加苛捐杂税，加重徭役刑罚，以"税民深者为明吏""杀人众者为忠臣"。广大民众的生活异常困苦艰难，大规模的农民起义已经到了一触即发的地步。

公元前207年冬天，宦官赵高杀死李斯，自己当上了丞相，后来赵高又施计谋杀了二世皇帝胡亥。

公元581年，杨坚建立隋朝，几年后完成了全国的统一，结束了南北朝割据的局面。统一的隋朝在文化、政治、经济、外交等方面都取得了辉煌成就。然而由于二世皇帝隋炀帝的昏庸无能，如此繁荣强盛的大帝国很快就灭亡了。隋炀帝公元604年即帝位，年号大业，在位13年。在位期间，他修建长城、大运河和东都洛阳城，三征高丽，但同时对国内百姓横征暴敛，导

> 神奇的惊天巧合

致了北方大规模的农民起义。在农民军的打击下,隋朝统治摇摇欲坠。

大业十四年(公元618年)三月,隋炀帝命令修治丹阳宫,准备迁居那里。在他所乘坐的龙船到达江都的时候,部下共谋推举宇文化及为首,发动了兵变。宇文化及逼迫缢死了隋炀帝,盛极一时的隋朝就此灭亡了。

4. 汉唐的雄心

汉朝是中国历史上继短暂的秦朝之后出现的朝代,分为西汉(公元前202年—公元8年)和东汉(公元25年—公元220年)两个时期,后世史学家亦称之为两汉。西汉的创建者是汉高祖刘邦,建都长安;东汉的创建者是光武帝刘秀,建都洛阳。其间,曾有王莽篡汉自立的短暂新朝(公元8年—公元23年)。

两汉是中国在世界上非常辉煌的历史时期。汉高祖至文景两帝时期的汉朝,经济呈直线上升,成为东方第一经济强国,与西罗马并称两大帝国。中亚和西域各大国都闻而惧之。到了汉武帝时期,汉帝国已经成为世界上最强大的帝国,匈奴战败后被迫向北逃窜。张骞出使西域首次开辟了著名的"丝绸之路",打通了东西方贸易的大通道,中国从此成为世界贸易体系的中心,直到一千多年后蒙古人发生叛乱。正是因为汉朝的声威远播,外族开始将中国人称为"汉人",汉朝人对这样的称谓也很满意,"汉"从此成为华夏民族恒久的代号。

多年以后,中国又出现了唐朝,也是世界公认的中国强盛的时代之一。李渊于公元618年建立唐朝，以长安（今陕西西安）为首都。鼎盛时期的公元7世纪时，中亚的沙漠地带也受其控制。公元690年，武则天改国号"唐"为"周"，迁都洛阳，称神都，史称武周，也称"大周"。

"大周"国号一直沿用到公元705年唐中宗李显复位。唐朝在天宝十四年（公元755年）安史之乱后日渐衰落，至天祐四年（公元907年）梁王朱温篡位灭亡。唐朝历经21位皇帝（含武则天），共289年，在文化、政治、经济、外交等方面都有辉煌的成就，是当时世界上最强大的国家。

这两个强盛的帝国有很多巧合之处：都前承一个强大而短命的王朝，都继承了其丰富的遗产，并且实质上都几乎是前朝的延续；都有一个中兴的过程，东西汉的承接与安史之乱前后的唐朝，都历尽艰险而不亡；在开国初期，都有一个女人掌握朝政大权（汉朝是吕雉，唐朝是武则天），并且在权力回归后，都有一个中兴时期（文景之治和开元之治）；都面对一个北方强悍的游牧民族（分别是匈奴、突厥），而且都在军事上处于优势地位，并最终迫使北方民族走向衰败；都大力发展西域，并统治西域广大地区。

5. 明清那些事儿

明朝是中国历史上最后一个由汉族建立的君主专制王朝，一共有16位皇帝。明朝的疆域除囊括清朝时期所谓内地18行省，还包括今天的东北地区、新疆东部、西藏、缅甸北部、西伯利

[神奇的惊天巧合]

亚东部和越南北部等地,并曾在东南亚的安南、旧港等地设有管理机构,势力远及印度洋和中亚。

清朝是中国历史上最后一个君主专制王朝,也是中国历史上第二个由少数民族统治中国全境的中央政权,统治者是满族人。这两个君主专制王朝有许多相似的地方,值得讨论。

他们都是在打败异族政权后,建立了自己的王朝。

1356年到1359年,起义军朱元璋不断扩充自己的势力,占领了江南的半壁江山。1367年,朱元璋开始北伐,在大将徐达、常遇春等人的率领下,起义军于1368年八月攻陷元大都,元惠宗北逃,元朝结束在全国的统治。

1616年,努尔哈赤建立王朝称汗,国号金,史称后金,定都于赫图阿拉,1625年迁都沈阳,改称盛京。1636年,清太宗皇太极改国号为大清,改族名为满洲。1644年,统治中原的明朝被李自成领导的农民起义军所灭。原明朝将领吴三桂引清兵入关,打败李自成的大顺军。随后,多尔衮迎顺治帝入关,迁都北京,清朝建立。

明清两个王朝都有三位皇帝没有后代。明朝的建文帝、明武宗和明光宗三位皇帝没有子女;清朝的同治帝、光绪帝和宣统帝三位皇帝同样在死后没有子嗣。

明朝和清朝开创之初,皇权都受到过叔父的威胁。明朝建文帝被叔叔朱棣赶下了台,建文元年(公元1399年),建文帝的叔叔即当时的燕王朱棣起兵"靖难",于1402年攻克南京,夺取帝位。

清朝顺治皇帝一直生活在叔叔多尔衮的阴影之下。顺治五年(公元1648年)十一月,多尔衮凭借自己的权力,改皇叔父摄政王为皇父摄政王，以皇帝的口气批文降旨。顺治七年（公元1650年）七月二十五日，他操纵追封自己的生母、努尔哈赤的大妃纳喇氏为太皇太后，自己完全以皇帝的身份出现。顺治十二年（公元1655年），福临对诸王大臣回忆当时的事说："那时多尔衮王摄政，朕只是拱手做点祭祀的事，凡是国家的大事，朕都不能参与，也没有人向朕报告。"

王朝快要灭亡的时候，明清两朝都遇上了皇帝无子、兄弟相传的情况。明熹宗是明朝第十五个皇帝，在位7年，因为嬉乐过度成病，死于1627年，终年23岁，葬于德陵（今北京市十三陵，是明朝营建的最后一座皇陵）。明熹宗有三男两女，无一长成，最终只好立五弟信王朱由检为皇帝。同治帝是清朝第十代皇帝，1862~1875年在位，死时年仅19岁，无子女，帝位只好传给了堂弟光绪。

明清两个王朝都亡于内忧外患。明朝在李自成等人领导的农民起义军和清政府的打击下，走向了最终的灭亡。清朝末年，八国联军发动侵华战争，西方列强纷纷争夺势力范围，孙中山、黄兴等人同时发起了革命，最终推翻了清朝的统治。

6. 中西历史上的若干巧合

东方和西方曾经是两个联系并不紧密的人类文明区域，却出现了许多相似的人物、事件和现象。对东西方的相似和差异进行观察和梳理，有助于我们对东西方和世界整体的文明有一个更好的认识。然而，在观察和梳理的过程中，我们看到了许

[神奇的惊天巧合]

多巧合，这也给我们增添了不少乐趣。

清王朝的康熙皇帝是我国古代著名的君主，开创了中国古代史上最后一个盛世局面。几乎同时，在俄国也有一位贤明君主，就是彼得大帝。他与康熙几乎是同时即位，也为俄罗斯帝国的辉煌奠定了基础。这两位皇帝连去世几乎都是同时的，康熙皇帝死于1722年，彼得则死于1725年。

被誉为"西方戏剧之父"的莎士比亚给世人留下了37部戏剧，其中包括一些与别人合作完成的。此外，他还写有154首十四行诗和三四首长诗。被誉为"中国戏剧之祖"的汤显祖，在戏曲方面的代表作有《牡丹亭》《邯郸记》《南柯记》和《紫钗记》等，这四部作品被合称为"玉茗堂四梦"，对当时和后世的文学发展都产生了重大而深远的影响，甚至超出了文学的边界，广泛影响到各个艺术门类。莎士比亚和汤显祖不仅是同时代的人，还都在公元1616年去世，这又是一个巧合。

公元617年，李渊、李世民父子在晋阳起兵。之后，李渊称帝，定国号"唐"，建立了当时的大唐帝国。与此同时的西方，穆罕默德统一了半岛，创建了政教合一的"哈里发"，形成了横跨亚非欧三大洲的大帝国。两大帝国分别雄踞东西，同样强大、繁荣，疆域也都非常辽阔。

春秋时期的孔子开创了延续3000余年的儒学，成为中国传统思想文化的主流。生于同时代的释迦牟尼则创建了世界三大宗教之一的佛教，给后世带来了深远的影响。孔子和释迦牟尼两人的年龄只相差14岁，都创立了对后世有重大影响的思想学说。

公元前6世纪到公元前3世纪是古希腊和古罗马文化的鼎盛

时期，此时也正值中国春秋战国的百家争鸣时期。东西方都处在学术上异常繁荣的时代。这一时期，西方有苏格拉底、柏拉图和亚里士多德等思想家，中国有孔子、墨子、老子和庄子等。

这一时期也是军事天才辈出的时代，西方有波斯居鲁王、马其顿亚历山大大帝等，中国有孙武、吴起、孙膑等人。

产生于公元前9至前8世纪的《荷马史诗》是古希腊最伟大的文学作品，为西方文学的发展奠定了良好的基础，是一部不朽的世界文学名作。它再现了古代希腊社会的图景，是研究早期社会的重要史料。它的问世与中国《诗经》的产生处于同一时代。

《诗经》收集了西周初期至春秋中叶大约500年间的诗歌305篇，全面展示了中国周代的社会生活，真实地反映了中国奴隶社会从兴盛到衰败时期的历史面貌。它不仅是中国现实主义文学的光辉起点，也开创了中国诗歌的优秀传统，对后世文学产生了重大而深远的影响。《荷马史诗》和《诗经》东西相映，在世界诗坛上永远闪耀着光芒。

公元前22至公元前18世纪，古巴比伦人发明了以月亮围绕地球旋转周期计算的历法，与我国夏朝所使用的阴历都是每隔2至3年置一闰月，其出现时间也大体相当。另外，公元前3000年左右，古埃及建立了王朝统治，恰好与我国《史记》中所记载的炎帝、黄帝处于同一时代。

[神奇的惊天巧合]

逃离百慕大

百慕大海域位于北纬32度、西经64度，大西洋的西北部。其东南是波多黎各岛，西南部是佛罗里达半岛和古巴岛，北部就是百慕大群岛——百慕大因此得名。

百慕大海域不仅充满神秘气息，而且还充满了巧合。

1. 失踪的飞机和船只

说起百慕大的巧合，首先是飞机失事的巧合。有关飞机失事的最早记载是在1945年12月5日。当时，刚执行完任务的五架"复仇者"海上鱼雷轰炸机返航经过百慕大。突然，奇怪的信号被发了出来，这些信号断断续续，而且意思令人费解："我们不知道自己在什么地方……我们好像迷失了方向""旋转发疯的罗盘……""进入的白水""……就连大海也变了样子……"之后，它们就再也没有任何消息了。

此事引起了美国军方的极大关注，他们调集附近所有海军舰船和飞机，对百慕大海域附近200万平方公里的范围进行大搜索。然而，在当时全世界最先进的雷达扫描下，还是没有发现任何飞机残片，甚至连一滴飞机用油也没有找到。可是，在轰炸机失踪几个小时后，设在佛罗里达州的海军基地却收到了飞机的信号，可惜信号很微弱且持续时间短暂。

同样是飞机，20世纪60年代末的一架大型客机却幸免于难。这架飞机在经过百慕大海域时，突然在基地雷达的荧光屏上消失了10分钟。奇怪的是，一小时后飞机安然降落在飞机场，而且时间比预计提前了10分钟。当工作人员对飞机乘客进行检查时发现，飞机上所有的钟表都比陆地上慢10分钟。

大约10年后，另一架飞机也成功逃离百慕大海域，飞机所载的5名乘客也都安全。只是在飞过百慕大时，飞机内的铁质刀叉都发生了弯曲，连钥匙也未能幸免于难，而且飞机上的罗盘不能正常使用，因为它的角度比实际偏了几十度。

除了飞机的巧合，还有轮船。据记载，几十年来，许多船只无声无息地消失在这片诡异的海域。美国油轮"凯恩"号配备有当时世上最先进的自动导航和通信设备，可是在穿过百慕大海域的时候，它与陆地的联系突然中断了，甚至连求救信号都没有发出，就再也没有了踪迹。

"凯恩"号没有再出现，但是有着同样遭遇的英国游船"海风"号却幸运得多。"海风"号于1981年在百慕大水域失踪，可是1989年又在原地重新出现。而船上的6个人以为他们仍然活在1981年，他们对失踪的8年时间没有任何的记忆。

在"海风"号重新出现的前一年，一对夫妇乘坐游艇到百慕大历险时，也出现了时光的差异。这对夫妇乘坐的游艇在接近百慕大水域时仪表完全失灵，甚至发动机也出现问题。几分钟后，游艇突然驶出百慕大海域几百公里，而且游艇的雷达、仪表、发动机完全恢复正常，就跟他们刚来时一样。更奇怪的是，夫妇两人在这次神秘失踪后变得异常聪明，完全超出了常

[神奇的惊天巧合]

人的水平。

那些失踪的舰船和飞机到底去哪儿了？到底发生了什么事情？百慕大海域有时空转换吗？百慕大三角是否有什么超自然的力量存在？

抑或，这一切都只是巧合？

链接："澎湖百慕大"空难巧合

2002年5月9日下午3点08分，台湾"中华航空公司"民航班机CI611从台北国际机场起飞飞往香港。3点36分，当航班飞到澎湖列岛上空马公外海时，突然与地面失去了所有联络。4点36分，台北区空管中心发布消息，"华航"CI611班机疑似在马公外海10海里处坠毁。

据悉，此班机为波音747-200型飞机，机上乘客连同机组人员一共有206人。事件发生后，民众十分关注事态的进展。所有"华航"高层主管都赶往公司共同处理这起意外事件，并请求警方全力搜救。"飞行安全委员会"也派人了解飞机消失前的轨迹图。

一个月后，台湾"行政院""飞安会"公布了出事的"华航"CI611班机的另一个黑匣子——飞机航行资料记录器的解读内容，否定了机师失误和外力导致的飞机失事。"飞安会"透露，客机的一部引擎似乎有点失常，这可能是导致飞机失事的直接原因。目前调查可认定的是，CI611确实是在空中解体，从飞机残骸和乘客遗体可以看出没有火烧的迹象，因此看不出有外力的介入。在事前保安检查方面也无任何异状，既没有乘客携带危险物品，也没有乘客突然投保巨额保险金。

相关专家指出，两个黑匣子的解读结果均显示：飞机在爬升时反常地加速。当飞机从33 000英尺的高空爬升到34 500英尺的高空时，爬升速度从每分钟1200英尺骤增到每分钟3400英尺。紧接着，飞机在高空解体，机身断成四截，机上所有人员因此罹难。

但是，飞机为什么会在空中解体呢？负责人表示，由于目前只寻获10%到15%的飞机残骸，如果有70%或80%的飞机残骸从海中捞起，将对调查工作起到非常大的作用。只有将大部分飞机残骸寻获后进行检验、重组和分析，才可能找到失事原因，但这将是一个艰难的过程。

与此同时，在民间流传着另一个说法。当时网络上盛传一段"华航"CI611罹难者的语音留言，留言中听见低沉的哭泣声与间歇的海浪声，很多听过的人都说"很可怕"。

留言内容一开始是留言信箱的报时"送出，星期四，5点21分"，之后是长达10秒的哭泣声，声音听起来应该是个男人，但咬字不清，只能听到一连串"呜呜呜"的声音，之后又是长达10秒钟的哭泣声。最后10秒继续一段很模糊的男性声音，大意是"不要，我不要死，不要死在这里"。一分钟到了，语音自动切断。录音的时间是2002年的5月30日，即"华航"罹难者头七的前一天。

有人也到警局报案，可惜警察也帮不了什么忙。

后来人们发现，"华航"的一架飞机曾运送千岛湖事件的死者回台湾，之后该机在名古屋坠毁。后来"华航"又派了另一架飞机运送死者尸体回台，那架飞机就是"华航"CI611班机。

[神奇的惊天巧合]

随后的2002年12月22日，台湾复兴航空公司一架由法国制造的ATR72货机在飞往澳门的途中，不幸于凌晨时分在澎湖西南海面坠毁。不可思议的是，这架失事货机曾在2002年5月"华航"空难中负责运载200多位罹难者遗体返回台北。ATR72坠机地点距离5月台湾"华航"客机失事的地点仅有10里。

真是太不可思议了，为什么会如此巧合呢？有台湾媒体说，澎湖西南近百海里处常发生类似罗盘无故打转、海面出现白光等超自然现象。澎湖海域过去35年来发生10次空难，16年来已经有5架飞机在这里坠毁了。因此，澎湖马公海地区有"澎湖百慕大"之称。

究竟这个地域有着什么样的秘密？是地球磁场异常，还是其他不为人知的原因？这一切，都不在目前人类的认知范围之内。

2. 穿越时空的纬度线

1893年10月25日深夜，一个西班牙籍士兵在菲律宾总督府门前站岗时突然神志不清地昏睡过去。次日清晨，他醒来时竟然发现自己站在墨西哥的政府大厦前。他感到十分奇怪，可墨西哥人认为他是精神失常者，将他交给教会处理。受冤枉的士兵别无他法，只好跟墨西哥人打赌："昨天晚上，菲律宾总督被人用斧子暗杀了，这个消息总有一天会传到你们这里，那时你们就会相信我没有说谎。"

两个月后传来的消息证实了士兵所讲属实。人们这才不得不相信他的话，将他从教会里放了出来。这到底是怎么回事？

接下来发生的事情更令人吃惊。一架在1955年飞越百慕大海域时失踪的飞机,于1990年完整无损地飞回到原定目的地机场,早被推断死亡的两个飞行员也安然返回。机场官员对此事感到吃惊,然而飞机上的飞行员却对被围观的情形大惑不解。他们还以为现在是1955年,因为他们刚穿越墨西哥湾,从诺福克来到墨西哥坦皮科。其中一名叫帕伯劳的飞行员的出生证表明他现在应该已有77岁,但从脸部来看他只有40岁出头。他的弟弟阿尔费雷德说:"我急于想看看这个自称是我哥哥的人,那个悲剧我记得清清楚楚。哥哥从美国寄来一封信,告诉我说他和马里安诺正准备返航,这是我最后一次听到他的音讯,这架飞机从来没有回来过。"

类似这样的事情在不断地发生着,一切显得是那样难以理解和不合常理。

1958年9月的一个晚上,阿根廷的一名青年司机开着汽车从首都布宜诺斯艾利斯出发,来到布兰卡港的公路上。大约23点,他突然被一道强烈的光晃得睁不开眼睛,赶紧将汽车停在路旁。他突然感到有些困,就睡着了。不一会儿,他从沉睡中惊醒过来时,却发现自己的汽车不见了。

年轻的司机跟跟跄跄地走在公路上,截住一辆汽车,对车上的司机说:"我去布兰卡港,我的汽车不见了,我没有找到它。"

"什么,布兰卡港?你在开玩笑吧,这儿都快到萨尔塔啦!"

"什么!萨尔塔?现在几点钟了?"

"快夜里12点了,年轻人!"

"这不可能!我记得那道强光晃我之前我看了下表,才23点10分!我怎么会半个小时里走了13 000公里。我简直搞糊涂

[神奇的惊天巧合]

了……"

车上的司机以为青年司机有些精神失常,就带他来到了附近的警察局。警察也觉得这个司机有些精神失常,于是他们马上打电话给布兰卡警察局。可后者的回答是,他们的确在一条公路旁的洼地里发现了一辆汽车,型号同那个司机讲的一模一样。萨尔塔的警察听罢,顿觉大吃一惊。

1968年6月29日,吉拉尔德·波达偕夫人搭乘DC-3客机飞往达拉斯。波达先生往洗手间走去后再也没有回到座舱来。其夫人哭叫着同空中小姐去洗手间和所有机舱空间寻找,都没发现波达先生的踪影,飞机上一切门窗正常。事后乘客们回忆道:"那时飞机正飞过密苏里州罗拉的北部上空,波达向洗手间走去时,客机忽然意外地晃动一下,但很快就恢复正常。不久,就听到夫人的哭叫声。"

1990年10月左右,有人在佐治亚州的高速公路旁发现了一位受伤的战士。他"穿越"了1863年葛底斯堡战役中的时间陷阱。精神病理学家仔细地评价了这位联盟军二等兵本杰明·考奇,因为外科医生从他的腿上取出了美国北方军旧式步枪的子弹。他们得出一个结论:"他属于而且来自于至少127年前的19世纪。"负责检查这个29岁战士的精神病理学家说:"从精神病理角度考虑,可以证明他神志清醒而且讲的都是事实。作为一名医生和科学家,我们对二等兵考奇所研究的每一件事情以及他所处的环境都暗示我们所接触的是超自然和时间的弯曲。"

巧夺天工的建筑

北纬30度附近可以说是最神秘，也是古文明遗迹最多的地方。这些古建筑有太多匪夷所思的巧合，它们的神奇完全超出我们的想象和认知。

1. 胡夫金字塔的数字巧合

古埃及是迄今为止所能确认的人类文明最早的起源地。作为古埃及奴隶帝王的方锥形陵墓，埃及金字塔不仅是古埃及文明的代表，也是埃及的国家象征和人民的骄傲，同时也是世界人民的共同遗产。

在埃及首都开罗郊外的吉萨，有一座举世闻名的金字塔——胡夫金字塔。

胡夫金字塔是世界上最大的金字塔。据推测，建成伊始的胡夫金字塔底边长为230米，是由250多万块、每块重约2.5吨到50吨的巨石垒砌而成的。胡夫金字塔在经历了约4700年雨雪风沙的侵蚀之后，依然屹立不倒。

[神奇的惊天巧合]

更加令人吃惊的不是胡夫金字塔宏伟的规模,而是其本身所具有的许多数字巧合。

我们知道地球到太阳的平均距离为14659万公里,天文学上将其定为一个天文度量单位。如果把胡夫金字塔的高度乘以10亿,结果正好是14659万公里。另外,穿过胡夫金字塔的子午线正好把地球上的陆地与海洋分成面积相等的两半。

除此之外,还有许多出乎人们意料的数字巧合。拿破仑大军进入埃及的时候,法国人对胡夫金字塔进行了测量,发现如果在胡夫金字塔的顶点引出一条正北方向的延长线,那么尼罗河三角洲就被对等地分为两半;再把这条线向北延伸到北极,可以看到延长线只偏离北极的极点几公里。要是考虑到北极点的位置在不断地变动这一实际情况,很可能在当年建造胡夫金字塔的时候,这条延长线是正好与北极点相重合的。

除了有关天文地理的这些数字以外,胡夫金字塔的底面积如果除以其高度的两倍,得到的结果为3.14。这很自然地让人联想到圆周率,其精确程度已经远远超过了希腊人算出的圆周率,与我国古代数学家祖冲之算出的圆周率在3.1415926到3.1415927之间几乎一致。另外,胡夫金字塔内部的直角三角形厅室各边之比为3:4:5,正是勾股定理中三角形各边的长度比。此外,胡夫金字塔的总重量约6000万吨,如果乘以10的15次方,结果恰好又是地球的重量!

这些数字巧合给本来已经非常神秘的埃及金字塔又涂上了更加浓重的神秘色彩，也引发了人们不尽的联想和想象。埃及金字塔这种数字与建筑完美结合的巧合现象，或许反映了古埃及时期的人类已经具备了较高程度的文明。然而这些都还只是猜测，至于真实的历史是怎样的，我们就不得而知了。

2. 玛雅金字塔的疑云

能与埃及金字塔媲美的要算同样位于北纬30度上的玛雅金字塔了。巧合的是，它们不仅仅规模宏伟、构造精巧，甚至也和埃及金字塔一样有着神秘的数字巧合。

以太阳金字塔为例：太阳金字塔塔基长225米，宽222米，和埃及的胡夫金字塔大体相等，基本上是正方形，而且也正好朝着东南西北四个方向，塔的四面也都是呈"金"字的等腰三角形，底边与塔高之比，恰好也等于圆周与半径之比。

它们的天文方位更令人惊骇：天狼星的光线,经过南边墙上的气流通道,可以直射到长眠于上层厅堂中的死者的头部；而北极星的光线，经过北边墙上的气流通道,可以直射到下层厅堂。

它们建塔技术的高超也是惊人的。以库库尔坎金字塔为

[神奇的惊天巧合]

例：塔基呈四方形，共分9层，由下而上层层堆叠而又逐渐缩小，就像一个玲珑精致而又硕大无比的生日蛋糕。塔的四面共有91级台阶，直达塔顶。四面共364级，再加上塔顶平台，不多不少365级，正好是一年的天数。9层塔座的阶梯又分为18个部分，这又正好是玛雅历一年的月数。

玛雅人崇信太阳神，他们认为库库尔坎（即带羽毛的蛇）是太阳神的化身。他们在库库尔坎神庙朝北的台阶上精心雕刻了一条带羽毛的蛇，蛇头张口吐芯，形象逼真，蛇身却藏在阶梯的断面上。每年春分和秋分的下午，太阳西坠，北墙的光照部分，棱角渐次分明。那些笔直的线条也从上到下交成了波浪形，仿佛一条飞动的巨蟒自天而降，逶迤游走。

1968年，一批科学家试图探测这些金字塔的内部结构，令人费解的是，他们在每天的同一时间，用同一设备对金字塔内的同一部位进行X射线探测，得到的图形竟无一相同。

美国人类学家、探险家德奥勃洛维克和记者伐兰汀对尤卡坦进行考察时，发现有许多由地道连通的地下洞穴，地道的结构与金字塔内的通道十分相似。他们拍摄了9张照片，但是能印出来的只有一张，而且也只是一片旋涡形的神秘白光。

3. 与布什相似的雕刻画像

处于北纬30度地区的很多事情是无法用科学来解释的，人们只能将其暂时归结为某种神秘的巧合。

考古学家在埃及一座距今4000年的墓葬庙宇的墙壁上，发现一张酷似美国前总统乔治·布什的雕刻画像，而这座雕像据说是代表死神的。

考古学家们发现了这座雕像后非常吃惊，世界上竟然会有如此巧合的事情，太难以置信了。

美国考古学家沃尼说："如果你看到画像，你一定会为他跟布什如此相似而震惊，因为太相似了。雕像的神情也与布什的非常相似。你看到了也许会怀疑自己的眼睛，或者你甚至会怀疑这是不是搞恶作剧的人放在那里的一张照片。可是，这不可能，因为它不是一张照片，它确实是远古的雕刻品，它跟金字塔一样古老。也不是你的眼睛花了，因为这座雕像确确实实地存在着。"

这座坐落在尼罗河西岸的古老庙宇被发现后，因为种种原因一直没有被开发。据考证，这座古老的庙宇是埃及黄金时代一位掌管财政的大臣

[神奇的惊天巧合]

为自己建造的陵墓。他在墙上雕刻的酷似布什的死神画像预示了布什将成为征服者,但也许这只是法老王梦中的景象。可是,如果真的是这样的话,就太不可思议了。难道他那个时候就能看到未来?或者说,他的梦就那么巧合地梦到了布什?

当然,这一切只是猜测。但是,无论如何猜测,那座雕像是真实的。

链接:神秘的"黄泉大道"

美洲的著名古城特奥蒂瓦坎有一条纵贯南北的宽阔大道,被称为"黄泉大道"。公元10世纪时,最先来到这里的阿兹台克人,沿着这条大道进入这座古城,发现全城空无一人,他们认为大道两旁的建筑都是众神的坟墓,于是就给它起了这个名字。

1974年,在墨西哥召开的国际美洲人大会上,一个名叫休·哈列斯顿的人说,他在特奥蒂瓦坎找到了一个适合其所有建筑和街道的测量单位。经过电子计算机计算,该单位长度为米。例如,特奥蒂瓦坎的羽蛇庙、月亮金字塔和太阳金字塔的高度分别是21、42、63个"单位",其比例为1:2:3。

哈列斯顿用"单位"测量黄泉大道两侧的神和金字塔遗址,发现了一个更加惊人的情况:"黄泉大道"

上这些遗迹的距离，恰好表示着太阳系行星的轨道数据。在古城废墟中，地球和太阳的距离为96个"单位"，水星为36，金星为72，火星为144。城堡背后有一条特奥蒂瓦坎人挖掘的运河，城堡的中轴线为288个"单位"，正好是火星和木星之间小行星带的距离。轴线520个"单位"处有一座无名神庙的废墟，这相当于从太阳到木星的距离。再过945个"单位"，又有一座神庙遗址，这是土星到太阳的距离。再走1845个"单位"就到了"黄泉大道"的尽头——月亮，地基仍在。金字塔的中心恰恰是天王星的轨道数据。如果再将"黄泉大道"的直线延长，就到了塞罗瓦戈多山山顶，那里有一座小神庙和一座塔，其距离分别为2880和3780个"单位"，正是海王星和冥王星轨道的距离。

如果说这一切都是偶然的巧合，显然令人难以信服。如果说这是建造者有意识的安排，那么"黄泉大道"显然是根据太阳系模型建造的，特奥蒂瓦坎城的设计者肯定早就了解了整个太阳系的行星运行情况，并知道了各个行星与太阳之间的轨道数据。

然而，人类1781年才发现天王星，1845年才发现海王星，1930年才发现冥王星。这一切又该如何解释呢？

进一步寻秘北纬30度

这些无法理解和难以想象的事情，就这样在北纬30度左右的地域不断上演，为什么偌大的地球上只有这一区域会有这么

[神奇的惊天巧合]

多"巧合"的事情发生呢？仅仅是巧合吗？如果不是巧合又是什么呢？

1. 地球和人体的惊人相似

有很多事实证明，地球结构和人体的结构类似性。

大家都知道，人在母体中时是靠肚脐从母体中汲取生命的养料，所以肚脐是人体的供养点。肚脐位于人体的中线上，恰好与把人体"黄金分割"的纬线相交。

从地球来说，中东地区位于东经30度与东经60度之间，北纬30度穿过此地，恰好把东半球中分。如果把人体的供养点相对于地球的"肚脐"，就不难发现，中东地区蕴藏着巨大的液体能源——石油。

头部是人生命的中枢机构，南极又位于地球最前端，人们开发南极资源是在19世纪50年代，差不多正在此时人类开始了对大脑的深层研究。虽然南极不能算是地球的生命中枢，但南极上空的臭氧层确是地球"生命"迹象的侧面反映。

2. "命门区"和"九宫图"

许多中医发现，人体有一些绝对不能动的穴位，俗称"死穴"。"肚脐"所对应的左腰上部位，在中医学中称为"命门区"，穿过这一区的纬线称为"保命线"。人体的死穴不仅集中在"命门区"上，而且正好排列成九宫图。

按九宫幻方计算，地球的死穴要比现在发现的"百慕大三角"的范围还要广。中东地区所对应的位置恰巧落在北纬30度线附近。

在人体极其重要的血液循环系统里，人体的血管分为动脉血管和静脉血管，还有各类毛细血管。而地球上，最为著名的几条河流就像是人体的动脉血管一样，流过了地球上最重要的几个区域，如横穿中国的长江、流经美国大部分国土的密西西比河、孕育了埃及文明的尼罗河、流经大半个欧洲的多瑙河，等等。而那些比较小的河流，则像人体的毛细血管，分布于地球的各个角落。同时，人体的血液都要从心脏流进流出，而地球上的重要河流也都位于北纬30度线附近，这也是人体与地球的一种相似。